여자는
육아로
성장한다

여자는 육아로 성장한다

발행일	2017년 03월 10일		

지은이	신 화 라		
펴낸이	손 형 국		
펴낸곳	(주)북랩		
편집인	선일영	편집	이종무, 권유선, 송재병, 최예은
디자인	이현수, 김민하, 이정아, 한수희	제작	박기성, 황동현, 구성우
마케팅	김회란, 박진관		
출판등록	2004. 12. 1(제2012-000051호)		
주소	서울시 금천구 가산디지털 1로 168, 우림라이온스밸리 B동 B113, 114호		
홈페이지	www.book.co.kr		
전화번호	(02)2026-5777	팩스	(02)2026-5747

ISBN	979-11-5987-476-5 03370(종이책) 979-11-5987-477-2 05370(전자책)

이 도서의 국립중앙도서관 출판예정도서목록(CIP)은 서지정보유통지원시스템 홈페이지(http://seoji.nl.go.kr)와
국가자료공동목록시스템(http://www.nl.go.kr/kolisnet)에서 이용하실 수 있습니다.
(CIP제어번호 : CIP2017005936)

(주)북랩 성공출판의 파트너

북랩 홈페이지와 패밀리 사이트에서 다양한 출판 솔루션을 만나 보세요!

홈페이지 book.co.kr   1인출판 플랫폼 해피소드 happisode.com
블로그 blog.naver.com/essaybook   원고모집 book@book.co.kr

여자는
육아로
성장한다

신화라 | 지음

육아에 대한 편견을 버리고
진정한 엄마로 거듭난 한 30대 워킹 맘의 성장 일기

북랩 book Lab

들어가는 글

대한민국 출산 연령이 점점 높아지고 있다. 2015년 통계청 발표에 따르면 우리나라 산모의 평균 연령은 32.2세라고 한다. 나는 이미 20대에 출산을 마쳤기 때문에 대부분 30대에 '육아'라는 긴 여정을 시작한 나보다 나이가 많거나 적은 사람들, 또는 친구들은 나에게 육아에 대해 참 많이도 묻는다.

옆에서 흔히 볼 수 있는 평범한 엄마지만, 내가 가졌던 생각과 힘들었던 날들을 후배 엄마들에게 전해주고 싶었고, 혼자만 힘든 것이 아니라고 위로도 해주고 싶었다. 육아서를 통해서 내가 받았던 따스함을 나도 전해주고 싶었다. 정답은 아니지만 '아, 이럴 수도 있구나…'라며 육아라는 마라톤에서 잠시 갈증을 해소해주는 물 같은 역할이 되고 싶었다.

나는 어릴 때부터 아이가 싫었다. 나보다 8살 어린 막내 동생을 낳고 급격히 몸이 나빠져 생사를 넘나드신 엄마 때문에 늘 동생들을 돌봐야 했다. 학교를 마치고 친구들은 고무줄놀이를 하고 있을 때

여자는 육아로 성장한다

나는 아기를 업고 친구들의 모습을 옆에서 구경해야 했다. 몸을 추스를 새도 없이 생계를 위해 일터로 나가신 엄마를 대신해 동생들과 놀아줘야 했고, 징징거림을 받아줘야 했다. 그것은 점점 아이가 싫어지는 계기가 되었다.

그래도 웃긴 것은 내 종족을 퍼트리고자 하는 본능이 내게도 있었나보다. 결혼을 생각하면서 아이는 꼭 둘을 낳아야겠다는 생각을 했으니 말이다. 그것도 노산 후 고생하는 엄마를 보면서 늘 '아이는 둘, 모두 서른 전에'라는 발칙한 생각을 하고 있었으니, 다행인지 불행(?)인지 나는 그 계획을 모두 이루었다. 그리고 나의 어린 시절 동생을 돌보던 때와 같은 상황이 일어나기 시작했다. 혼란, 카오스 그 자체였다.

육아학교나 육아학과가 있었다면 공부를 했을 텐데, 왜 다들 아이는 키우는데 아이를 키우는 법을 알려주는 곳은 없을까? 다른 엄마들은 어떻게 키우지? 주변 어른들은 아이의 본능을 채워주는 것만 알려줬다. 기저귀 가는 법, 목욕 시키는 법, 모유수유 하는 법 등. 아, 이럴 줄 알았더라면 예전에 편입했던 방송대 가정학과 육아 교재라도 좀 볼걸 그랬다. 궁여지책으로 육아를 배우려 도서관에 갔을 때, 엄청난 육아서들이 나를 반기고 있었다. 끌리는 제목을 보고 책을 빌려다 읽었다. 양육하는 방법, 노하우 등을 읽고 배웠다. 그런 책들을 통해서 아이를 키우고, 또 아이들을 통해서 나는 조금씩 성장했다.

전쟁 같은 육아는 지금도 진행 중이다. 성별이 다른 두 명의 세상은 참 다르다. 그리고 많이 부딪힌다. 아직도 성별이 다른 동생들을 돌봤던 예전과 같은 상황도 많이 만난다. 그래서 혼자 추억을 떠올리며 피식 웃기도 한다. 이제 여유가 생긴 건가?

결혼을 하면 어른이 된다고 했다. 하지만 내 생각에 진짜 어른이 되려면 육아를 해야 한다. 육아를 통해서 어른이 되고 인생을 배운다. 때로는 맵고, 쓰리고, 화나고, 미칠 것 같은 날도 있다. 그래도 솜사탕처럼 달콤하고 부드럽고, 뿌듯하고 고마운 날이 더 많다. 다들 이 맛에 육아를 하는구나, 아이를 가지려고 노력을 하는구나 싶다.

누구에게나 처음은 힘들다. 처음 하는 일이라도 손에 익으면 내 것이 된다. 육아는 조금 다르다. 손에 익기보다는 매번 새로운 상황이 생긴다. '까꿍이' 엄마들은 유치원, 초등학생의 엄마들을 부러워하지 않아도 된다. 그들은 또 그만큼의 '처음'을 겪고 있으니까.

대단한 육아법을 기대한다면 참 실망스러운 글이 될 것 같다. 박사나 육아전문가가 아니라서 그런 글은 없다. 아이를 좋은 대학에 진학

시킨 엄마의 노하우가 담긴 글도 아니다. 대신 다른 평범한 엄마의 삶을 엿본다고 생각하고 가벼운 마음으로 읽어주면 고맙겠다. '나만 힘든 게 아니구나, 그래도 나의 육아는, 내 아이는 최고구나' 하고 생각한다면 그저 그것으로 족하다.

새벽에 일어나 쪽잠을 자면서 육아를 하는, 또 너무 많은 육아법의 홍수에 시달리는 엄마들이 잠시 이 글을 보면서 쉬어갈 수 있기를 바란다. 작고 소중한 아이들을 통해 인생을 알게 되고, 마음의 풍요로움을 가진 엄마가 될 수 있다면 세상이 좀 더 아름답지 않을까 생각해본다.

2017년 3월

신화라

차례

제1장

나 는
아이가
싫어요

결혼에 대한 환상

좋은 사람을 만나서 새로운 가정을 꾸미는 아름다운 결혼이 있다. 각자의 사연은 있겠지만 예상치 못한 아이가 생겨서 결혼을 약속하는 사람도 있고, 현실에 대한 도피로 결혼을 선택하는 경우도 있다.

만난 지 5개월 만에 결혼을 한다고 하자 지인들은 의심의 한마디씩을 던졌다.

"사고 쳤니?"

일일이 대답하지 않았다. 그런 것이 궁금하다면 몇 개월 뒤에 나에게 연락해보라고 했다.

당신이 생각하는 '그 사고'가 맞는지 아닌지 말이다.

내게 결혼은 내 삶을 찾기 위한 일종의 도피였다. 고맙게도 그 손을 내밀어 준 것은 지금의 남편이다. 어른들의 실수로 인해 경제적으로 힘든 시기를 겪었다. 어렵게 대학을 졸업하고 일을 시작했으며, 당시 120여만 원의 월급을 받으면서도 80만 원을 강제로 적금을 부어야 했다. 없는 집에서 나중에 시집갈 때 결혼 자금이라도 있어야

한다는 엄마의 말씀에 나도 동의했다. 나머지 40만 원으로 교통비, 보험, 통신비 등과 용돈을 해결했다. 옷을 사면 그 달의 생활비가 없어서 옷을 구입하는 일도 잘 없었다.

내가 고등학생이던 1998년, IMF금융위기가 대한민국을 흔들었다. 그리고 우리 집도 무너졌다. 호인이던 아버지는 엄마와 상의 없이 여러 명의 보증 동의서에 도장을 찍었다. 금융위기가 오고 돈이 순환이 되지 않자 자연스레 보증인에게까지 영향이 미치게 되었다. 당연히 보증인이었던 아버지에게 그 책임을 묻게 되는 상황이다. 엄마가 미치지 않고, 우리를 버리고 도망가지 않았던 것이 지금 생각해보면, 참 감사한 일이다. 만약 그랬다면 그 이후의 상황은 상상하기도 싫다. 한두 건이 아니었던 보증은 조금 잠잠해지는 듯했다가 내가 스무 살이 넘어 다시 몇 건이 터졌다. 또 엄마는 강하게 해결해나갔고, 그 덕분에 나는 그래도 대학이라는 곳에서 공부하고 졸업을 할 수 있었다.

취업을 하고 일을 하면서 이제 나도 어엿한 사회인이 되었다. 또 나의 행복한 미래를 꿈꾸기도 했다. 안정된 직업을 찾고자 퇴근 후 집에서 공무원 고시 준비도 하고 대학원에 가고 싶어 방송대 편입을 해서 공부를 이어나갔다. 서른이 넘어서야 우리 삼남매를 낳은 엄마는 늘 "노산이라 늙어서도 힘들다. 다른 친구들은 손주가 있는 나이에 나는 아직도 학생인 아이가 있다"고 하셨다. 그 말을 들으면서 나는 꼭 서른 전에 출산을 끝내서 엄마와 같은 고생을 하지 않겠다고 다짐했다.

어릴 때 자신의 운명은 보통 부모님의 영향을 많이 받는다고 들었다. 누구나 다 그렇듯이 부모님의 그늘에 있기 때문이다. 나도 그렇게 핑크빛 미래를 계획하면서 사회인으로 성장하고 있었지만 아직 부모님의 그늘에서 벗어나진 못하고 있었다. 아버지는 아버지 나름대로 일을 하면서 빚을 갚고 있었고, 엄마는 궂은 청소 일을 하면서 작은 월급으로 생활비를 충당하고 있는 시점이었다. 또 한 건이 터졌다. 그것을 해결하려면 자금이 필요했고 있는 돈이라고는 내가 넣은 적금밖에 없었다. 또 외삼촌이 찾아와 외삼촌 이름으로 옮겨놓은 집을 담보로 대출을 받아야겠다고 했다. 엄마는 아이들과 길거리에 내몰릴 수 없다며 매몰차게 거절했다. 그 집의 명의를 다시 찾아오는 데도 나의 적금이 깨지고 말았다.

옷을 자주 사지 못해도, 맛 집을 자주 다니지 못해도 상관없었다. 20대의 핑크빛 미래는 없는 걸까? 왜 내가 저지르지도 않은 문제를 내가 모은 돈으로 해결해야만 하는 건가? 돈이 없으면 결혼도 못할 텐데 그럼 이런 환경에서 계속 우울하게 살아야만 하는 건가? 오만 생각이 다 들었다. 내가 그래도 집을 떠나지 않은 것은 순전히 엄마 때문이었다. 미치거나 쓰러지거나 할까봐, 동생들보다 내게 모든 일을 말하고 털어놓는 엄마를 두고 나갈 수는 없었다. 그렇게 다시 적금을 부었다. 뭐 상황은 좋기도 하고 나쁘기도 할 테니 이제 좋은 일만 생길 거라 최면을 걸었다.

긍정의 대명사인 남편을 만난 것은 신의 한 수였다. 이제껏 살이 찌지 않는 체질이라고 믿고 살던 내가 체중이 늘었다. 마음이 편해

여자는 육아로 성장한다

서였을 것이다. 배우 하정우가 주연을 맡았던 영화 '추격자'에 나오는 것과 비슷한 무서운 욕실이 있는 18평 아파트를 전세로 얻었다. 그 전세금도 둘이 대출을 받아서 시작했다. 그래도 행복했다. 엄마의 잔소리에서도, 우울한 집안 분위기에서도 나는 탈출한 것이다.

거의 30년 가까이 다른 삶을 살아온 두 사람이 한 공간에서 같이 산다는 것은 참으로 신기한 일이다. 서로의 삶을 이해해야 하고, 서로 양보해야 한다. 그렇지 않으면 네 잘못, 내 잘못 따져가며 싸우기밖에 더하겠나, 그렇게 이해와 존중 속에서 든든한 내 편이 생기는 기분 좋은 일이 바로 결혼이다.

둘째 아이를 낳고 조리원에 있을 때였다. 남편이 없는 시간에 남편의 지인들이 찾아왔다. 나보다 나이가 많거나 비슷한 미혼 여성분들이 대부분이었다. 그녀들은 내게 남편을 만났을 때 '종소리'가 들렸냐고 물었다. 사람을 만나는데 무슨 종소리? 그날 사람을 만날 때 종소리가 들릴 수도 있다는 것을, 그리고 종소리가 들려오는 사람을 만나려고 하는 사람들이 많다는 것도 알게 됐다. 내가 분명히 아는 것은 '종소리'는 없다. 결혼은 로맨틱 소설이나 영화에 나오는 것과 차이가 많다. 때로는 궂은 일도 해야 하고 싫은 일도 도맡아야 한다. 아름다운 그녀의 방귀소리를 들어야 하고, 완벽한 그 남자의 트림 소리도 들을 수 있어야 한다.

내가 이나영이 아닌 이상 원빈을 남편으로 삼으려고 하지말자. 나라는 보석을 알아봐주는 사람이면 충분하다. 결혼은 수익을 창출하는 사업이 아니다. 누가 더 많고 적게 가지고 왔느냐를 가지고 싸울 필요도 없다. 대신 둘이 한 가정을 만들어 가는 노력이 필요하다. 헤어지기 싫어서 결혼한 사람이면 그것으로 족하다. 내 식으로 바꾸려고 강요도 하지 말자. 함께 살아가는 것은 언제나 1보 전진과 1보 후퇴가 필요하다.

물을 자주 마시는 남편이 지나간 자리에는 매번 사용했던 컵이 있었다. 안방에 하나, 거실에 하나, 컴퓨터 책상에 두 개, 식탁에 하나…. 신혼 가전을 사면서 사은품으로 받은 컵밖에 없던 지라 필요 시 그것을 수거하고 씻는 일은 내가 맡았다. 친한 친구는 그러지 말고 물통을 하나 사서 남편의 허리춤에 채워주라는 우스갯소리도 했다. 밥이나 국, 커피 이외의 수분을 섭취하지 않는 나로서는 이해할 수 없는 행동이었다. 남편에게 시정을 요구했고, 사용 후 싱크대 위에 올려놓는다는 합의를 했다.

산에서 내려오는 물을 월 6천 원에 무한대로 쓰는 시댁에서 자란 남편은 수도세 무서운 줄 몰랐다. 남편이 샤워를 하려고 들어간 욕실에서 물이 틀어진 채로 하수구로 넘어가는 소리가 계속 들렸다. 알고 보니 따뜻한 물이 나올 때까지 그냥 수도를 틀어놓은 것이었다. 심호흡을 한 번 하고 다음부터는 청소할 때 걸레용 물로 쓰도록 차가운 물을 받아달라고 했다. 나름 건의사항은 바로 들어주는 남편이라 다행이었다. 몇 번의 수도세 청구서를 받아보고 저절로 남편은 물을 더 아꼈다.

왜 물을 그렇게 낭비 하냐고 따졌다면 서로 기분이 상했을 것이다. 월 6천 원에 물을 얼마든지 써도 되는 시댁의 상황을 이해하고 이제 우리 집은 그렇지 않다는 사실을 말해주는 것만으로도 충분했다.

'밀당', 밀고 당긴다는 뜻으로 연인들끼리 많이 쓰는 줄임말이다. 앞서 1보 전진, 1보 후퇴라는 말을 썼지만 이것도 '밀당'과 같은 의미이다. 이렇게 하면 어떤 반응을 할까? 간을 보는 것이 아니라 배려해주는 '밀당'이 필요하다. 결혼은 누구의 피난처도 아닌 새로운 삶의 시작점이다. '배려하는 밀당'을 통해 우리만의 새로운 삶이 시작되는, 더 이상 환상이 아닌 현실이다.

첫 아이를 갖다

아이는 싫은데, 자식은 필요했다. 옷가게에서 옷 사이를 헤집으며 뛰어다니는 아이들에게 매서운 눈빛을 쏘았고, 대학 진학 때 친구들이 다들 한 번씩 원서를 넣어보던 유아교육과는 절대로 안 간다던 나였다. 하지만 내가 상상하던 화목한 가정을 위해서는 아이가 꼭 있어야 했다. 마치 물건을 생산하듯이 아이도 금방 만들 수 있을 거라 생각했다. 계산을 해보니 서른 전에 두 명을 낳으려면 아이가 생겨야 할 시기가 있는데, 마음이 조급해졌다. 결혼한 지 1년도 되지 않아서 임신을 계획했다. 도깨비 방망이가 있다면 금이 아니라 "아이 나와라 뚝딱!" 했을지도 모른다.

임신을 계획하고 3~4개월 만에 첫 아이가 생겼다. 좀 쉬고 싶어 일을 그만두니 아이가 생겼다. 예상보다 그리 오래 기다리지 않고 와서 감사했다. 각종 검사와 검진을 통해 아이에게 이상이 있는지, 몸에 이상이 없다면 뇌는 괜찮은지 걱정이 꼬리에 꼬리를 물었다. 눈에 보이지 않는 아이는 늘 걱정의 대상이었다. 다행히 잘 크고 있고 이상도 없었다. 낮에 혼자 있기가 심심해 문화센터에 갔다. 임신부 대상의 뇌태교 수업이었다. 인구보건복지협회에서 하는 임산부 기체조, 부부교실, 임산부 교실에도 다녔고, 예비엄마들을 대상으로 하는 여러 임신육아교실에서 경품도 참 많이 당첨됐다. 태명처럼 복덩이였다.

태교를 해야겠다는 생각으로 태교음악을 들었다. 클래식이 대부분인 태교음악을 틀어놓고 우아하게 책을 읽었다. 그러다가 정신차려보면 늘 자고 있기 일쑤였다. 꼭 음악을 들어야하는 시간이 따로 있는 것은 아닌데 지금 생각해보면 좀 웃음이 난다.

백화점 문화센터에서 들었던 뇌태교 수업을 들으러 다닐 때였다. 시작 시간보다 좀 일찍 가서 앉아있는데, 다른 임신부들끼리 하는 이야기를 들었다. '수학의 정석' 책을 들고 다니는 엄마가 있었다. 그 엄마는 아이의 두뇌발달을 위해서 태교로 '수학의 정석'을 푼다고 했다. 그리고 구구단이 아니라 19단까지 일부러 외운단다. 그녀와 함께 이야기 나누던 다른 엄마는 영단어를 외우고 있단다. 처음 느껴보는 문화적 충격이었다. 태교를 위해서 엄마가 공부하면 아이의 두뇌가 명석해지는지 모르겠다. 그 엄마들은 수학과 영어를 오로지 아이의 두뇌발달을 위해서 공부하고 있었다. 나는 좋은 것 먹고, 좋은 음악 듣고, 책 읽는 정도만 생각했는데, '아, 이제 경쟁의 시작이구나. 이렇게 태중에서부터 차이를 두고 태어나면 두뇌개발이다 조기교육이다 해서 엄청난 사교육 시장에 발을 담그겠구나. 나는 이렇게 가만히 있어도 될까?' 하는 생각이 들었다.

나보다 3개월 빨리 임신을 한 친구에게 태교를 어떻게 하냐고 물었다. 친구는 일하고 있는 중이라 따로 태교를 하진 않는다고 했다. 그리고 평소에 즐겨듣는 가요를 신나게 듣는다고 했다. 왜 나는 태교 음악은 곧 클래식이라고만 생각했을까? 친정 엄마가 나를 임신했을 때 가곡을 많이 들었다고 하더니 모전여전인가?

어릴 때 집에 12권짜리 과학전집이 있었다. 그 중에서 8번째 책이었던 '인체'편을 참 즐겨봤다. 그래서인지 전공도 사람 몸을 공부하는 곳으로 자연스럽게 갔던 것은 아닌가 싶다. 임신 중에도 'CSI'라는 미드(미국 드라마)를 참 좋아했다. 어찌 보면 잔인하거나 징그러운 부분도 많이 나오고, 해부하는 장면이 모자이크 처리 없이 나오는데 나는 그게 참 재미있었다. 그래서 그 드라마를 꾸준히 시청했다. 평소에 자신이 하던 것을 해야 더 재미있고 신이 난다. 수능이 끝나고 던져놓았던 '수학의 정석' 책을 10년 만에 펼쳐 문제를 풀어본들 다시 수능을 칠 것도 아닌데, 남들 흉내 내다가 괜한 스트레스를 받았을지도 모른다.

임신부에게 커피를 많이 마시지 말라 했다. 하루에 믹스커피를 두 잔씩 마시던 내게 그 말은 곧 삶의 낙을 버리라는 말과 같았다. 고민하다 혼자 타협을 하고 하루 한 잔으로 줄였다. 긍정의 대명사인 남편은 "못 마셔서 스트레스 받는 게 더 아이에게 나쁠지도 모른다"며 커피 한 잔 마시고 스트레스 받지 말라 했다. 그렇게 별난 임신부가 아닌 그저 평소와 같은 생활을 했다. 여전히 미드를 많이 보다가 괜히 이래도 되나 싶어서 클래식을 틀어놓고 책을 읽으며 졸기 일쑤였고, 낮에 커피를 꼭 한 잔 마셔야 했다. 내가 안 좋아했던 '수학의 정석' 따윈 보지 않았고, 그저 태교에 관한 책을 빌려서 봤다. 비슷한 예정일이었던 임신부 언니들을 만나서 수다 떨고, 저녁때는 집 앞 공원을 산책했다. 언성을 높이거나 화내는 일을 피하고 내가 알고 좋아하는 일만 했다. 그게 최선이었다.

'짱구는 못 말려'라는 일본 만화가 있다. 짱구를 좋아하진 않지만 아이들이 좋아해서 가끔 보게 된다. 어느 편에 보면 짱구는 동생 짱아와 함께 천상에서 지상을 내려다본다. 어느 집의 부부가 자신들의 부모가 되면 좋을지 찾아보는 것이다. 여러 부부들의 모습을 보고 이것저것 재어보다가 부자는 아니지만 화목한 지금의 엄마, 아빠를 택하게 된다. 그렇게 엄마의 뱃속에 들어가 짱구가 먼저, 짱아는 동생으로 태어나게 되었단다. 그것을 보던 첫째아이도 자기들도 그렇게 왔단다. 하늘에서 보고 있다가 우리 부부가 엄마, 아빠가 되면 좋을 것 같아서 우리에게 온 것이라고. 만화를 보고 말한 것이겠지만 그 말도 맞는 것 같다.

옛날부터 아이는 삼신할머니가 점지해주신다고 들었다. 나는 '그런 게 어디 있어, 그냥 생기면 생기는 거지'라고 생각했다. 요즘에는 시험관, 인공수정 같은 시술도 많이 있는데, 그것은 과학이지 삼신할머니가 아니라고 생각했다. 하지만 3~4개월간 아이가 오기를 기다린 날과 아홉 달 동안 아이가 건강하게 자라 잘 태어날 수 있기를 바라면서 삼신할머니가 우리 아이를 지켜주기를 나도 몰래 바라고 있었다. 그 마음은 과학이 해줄 수 있는 일이 아니었다.

순전히 나의 가족계획 때문이었는지, 아니면 나를 철들게 해주려는 삼신할머니의 속셈이었는지 모르겠지만, 그렇게 첫 아이는 우리에게 왔다. 바로 누워서 편하게 잠을 자지 못하고 매일 다리가 부어도 괜찮았다. 아이에게 유난히 차갑게 굴던 내가 마음이 점점 따뜻해지는 것을 느끼는 날도 많아졌다.

앞서 말한 짱구 만화에서처럼 아이들은 천상에서 우리를 지켜보고 우리를 부모로 선택해서 왔을지도 모른다. 아이는 내가 만들어낸 사람, 내 작품이 아니라 그저 내 몸을 빌려서 태어나는 인격체이다. 내가 찰흙으로 빚어내 생명을 불어넣어줬다면 그것을 내 것이라 할 수 있을까? 아이를 갖기 전에는 그저 나의 필요에 의해서 아이가 있어야겠다는 생각을 했다. 아이가 생기고 나서는 그저 건강하기만을 바랐다. 아이를 데리고 다니는 사람들이 허투루 보이지 않았고, 내가 못 보던 세상으로 한발 내딛었다. 일부러 좋은 것만 보고 좋은 이야기만 들었다. 저절로 긍정적인 생각을 갖게 되며 내 안에 다른 생명이 살아 움직인다는 것에 대한 책임감도 느꼈다. 초음파 사진 상으로 점 하나 밖에 보이지 않는 것이 아주 빠르게 심장 펌프질을 하고 있었다. '저도 사람이라고, 살려고 애쓴다'는 생각이 들면서 기분이 묘해졌다.

누구에게나 첫 경험은 기억이 참 많이 남는다. 내 인생에서 처음 겪는 임신은 얼음처럼 차가웠던 아이들에 대한 나의 마음을 녹여주기에 충분했다. 그저 나도 예비 엄마라는 것이 다른 아이들의 엄마와 동질감을 느끼게 만들어주었고, 내 자식이 생긴다는 것은 다른 아이들도 모두 소중하다는 것을 느끼게 해주었다. 아마 계속 아이가 없었다면 아이에 대해서 더 얼음같이 차갑게 대했을지도 모른다. 그저 돌봐줘야 하는 귀찮은 존재, 앵앵거리는 울음소리, 마트에서 뒹굴며 떼를 쓰는 아이를 보며 아이는 너무나도 싫은 존재라고 여겼을 것이다.

아이가 없이 살아간다는 것은 세상의 반만 알고 살아가는 것과 같다. 아이가 있는 생활과 없는 생활은 내가 세상을 바라보는 시점의 차이가 확실히 난다. 아무리 어린이, 노약자, 장애인을 위해 양보하고 배려해줘야 한다고 해도 내 가족 중에 어린이, 노약자, 장애인이 없으면 쉽게 공감하기 어려운 것과 같다.

아이는 싫은데 자식은 필요해서 계획한 임신은 그렇게 내 삶을 조금씩 바꿔주었다. 좀 더 마음이 따뜻한 사람으로, 이 사회의 약자를 다시 돌아볼 수 있는 사회의 일원으로 나는 점점 변하고 있었다.

이제부터 육아전쟁

초산은 5분 간격으로 진통이 오면 병원으로 오라고 했다. 불규칙하던 진통은 새벽이 되자 정확하게 5분 간격이 되었고, 병원 도착 후 1시간 반 만에 아이를 낳았다. 쓰나미 같았던 진통은 어느덧 사라지고 아이를 낳았다고 말을 해주고 나서야 아이를 낳은 줄 알았다.

3일째 되는 날부터 젖몸살을 하고 가벼운 산후 우울증도 왔다. 아이는 수유를 할 때만 만났다. 신생아실에서 분유병으로 쑥쑥 잘 먹다가 갑자기 엄마 젖을 빨려니 힘이 몇 배로 든다. 그러니 수유 거부를 하는 아이와 억지로 먹여보려는 나의 신경전이 벌어졌다. 아이가 빨지 않으니 모유를 유축기로 짜내야만 했다. 밤낮없이 유축기로 짜내는 일은 산후 우울증이 심해지는 데 도움이 됐다. 생전 처음 사용해보는 유축기는 내 몸에서 노란 액체(초유)를 빼내고 있었다. 초유를 그렇게 신생아실로 가져다주면 아이가 먹을 수 있으니 그나마 다행이라 생각했다. 힘들어하는 나를 보고 남편은 "스트레스 받지 말라"며 위로했다. 수유에 대한 것은 집에 가서 시작해도 괜찮으니 지금

여자는 육아로 성장한다

은 내 몸을 회복하는 게 우선이라고.

산후조리에 대해서는 누구보다도 친정 엄마가 강조를 하셨다. 당신이 막내를 낳고 죽을 뻔 했던 적이 있었고, 그 때부터 아팠던 몸이 아직도 계속 아프니 말이다. 막내 동생이 백일이 되던 날, 우리는 가장 깔끔한 옷을 입었다. 엄마도 깔끔하게 옷을 입었다. 머리카락이 엄청나게 빠져 머리숱이 거의 없는 머리에는 스카프를 둘렀다. 그리고 막내 백일기념으로 사진을 찍었다. 우리끼리도 찍고 엄마와도 찍었다. 후에 알게 된 이야기는 엄마가 곧 죽을 것 같아서 미리 아이들과 사진을 찍은 것이었다고 했다. 엄마가 죽은 후에 아이들이 추억할 엄마사진이 없을까봐.

그런 기억이 있어 나도 스트레스 받지 않고 일단 몸을 회복하는 일에 집중했다. 아기는 데려와서 젖을 물지 않으면 물지 않는대로 다시 신생아실로 데려갔다. 그저 서로 친해지는 시간이었다.

퇴원을 하고 집에서의 24시간이 시작됐다. 아이는 우려했던 것과는 달리 젖을 잘 물었다. 분유병에 담아서 주는 일이 없으니 살려면 열심히 빨아야 한다는 것을 본능적으로 알았나보다. 그렇게 분유 먹고 자란 엄마의 모유수유는 성공했다. 생각보다 수월했다. 도우미 이모가 2주간 산후조리를 도와주셨다. 조리원에 있을 때보다 첨단 기기들은 없지만 내 집이라 마음이 편했다. 밤에 자지 못한 잠은 낮에 도우미 이모가 있을 때 보충했다. 모든 것은 딱 한 달간 수월했다.

아이와는 집에 와서 친해졌다. 24시간 붙어있고, 모유수유를 하면서 조금씩 친해졌다. 50cm도 안 되는 아이는 모든 어른들을 조종했다. 그야말로 이 집의 진정한 갑이 됐다. '앙~소리 한 번에 모든 것이 해결됐다. 우리, 특히 나는 갑자기 신분이 하락 됐다. 갑님이 부르면 언제든 달려가야 하는 24시간 대기조가 되었다. 토막잠을 자면서 새벽에도 달려갔다. 잠이 부족해서 예민해지는 일도 점점 많아졌다. 아이가 잠을 잘 때는 나도 같이 잠을 자야하는데, 못한 집안 일이 거슬려 조금이라도 할라치면 아이는 그 소리에 또 울음을 터뜨렸다. '갑님이 잠을 주무시는데 시끄럽게 구는 구나' 하고 소리치는 것 같았다. 임신했을 때 예민하게 굴던 것은 없다고 생각했는데 아이는 참 예민했다. 잠을 자고 있는 동안 집안에서는 대화도 하지 못했다. 그 정도 소음에도 아이는 잠을 깨고 큰 울음으로 호통을 쳤다.

실제로 잠이 부족해지면서 나도 예민해지기 시작했다. '이게 시작인가? 아, 이제 시작이구나' 하고 느끼면서 '아이 하나도 힘든데 둘, 셋은 어떻게 키우지?' 한 발 앞서 고민했다. 서툰 초보 엄마는 그래도 반응 하나는 잘 해줬다. 새벽에 갑님이 배고프다고 신호를 보내면, 크게 울기 전의 '앙앙'거리는 약간의 칭얼거림에도 눈이 번쩍 뜨였다. 같은 방에서 잠을 자는 남편은 아이가 어느 정도 클 때까지 밤에 아이의 울음소리를 들은 것은 고작 세 번에 불과하다고 했다. 물론 옆에서 전쟁이 나도 깨지 않을 듯이 깊게 자는 남편이기도 하지만 말이다.

실제 전쟁을 치를 때도 사람들은 제 정신이 아니다. 계속 긴장해야하고 잠도, 식량도 부족하다. 씻지 못하는 날이 더 많고 무기점검에, 주변 상황 파악도 해야 한다. 나도 그런 전쟁에 한 발 내딛었다. 하지만 철저하게 준비하지 못하고 들어온 어설픈 초보 군인이다. 군복만 입으면 군인이 되는 것이 아닌데, 너무 쉽게 생각했나보다. 학교 다닐 때 교과서를 들고 오지 않은 학생들에게 선생님은 군인이 총 없이 전쟁에 나가는 것과 같다고 하셨다. 그것처럼 나도 뭔가가 준비되지 않은 채 전쟁에 임하고 있었다. 준비되지 않은 것이 무엇인지 모르는 게 더 문제였다. 초보티를 팍팍 내는 군인에게 적들은 점점 다가오고 있다. 무엇으로 방어를 해야 할지, 공격을 해야 할지 모르겠다. 그렇게 갑님이 된 아이는 나를 좌지우지했다.

2시간 간격으로 수유를 한다는 일반적인 정보를 알고 있었다. 우리 아이도 그렇게 2시간 간격으로 먹는 것이 당연하다고 생각했다. 일반적으로 그렇다고 하니까. 그런데 아이는 어떨 때는 3시간, 어떨 때는 1시간 간격으로 수유를 원했다. 아니 수유를 원하는 것 같았다. 매번 손가락을 입 가까이 대어보면 그쪽으로 고개를 돌렸다. 그것은 배고플 때 나타나는 반응이라고 해서 그럴 때마다 젖을 먹였다. 왜 이 아이는 2시간 간격이 되지 않을까? 또 어느 시기가 지나면 수유 간격도 늘어난다고 했지만 아이는 그렇지도 않았다. 항상 2시간 간격으로 배고파했다. 충분하게 못 먹어서 그런가 하고 다른 쪽을 먹여보면 먹지 않았다.

밤에 아이를 재울 때도 젖을 물고자는 것이 아니라 수면방법이 있다고 했다. 출산 전에 읽었던 멜린다 블로우, 트레이시 호그의 『베이

비 위스퍼』는 전 세계적으로 유명한 육아서이다. 하루는 책을 읽을 때 메모 해놓았던 것을 보면서 아이를 재우려고 했다. 그날 아이가 경기를 일으키나 싶을 정도로 심하게 울었다. 결국 아이만 심하게 울리고 원점으로 돌아왔다. '외국 책이라서 우리랑 안 맞나?' 하는 생각이 들었다.

출산 전에 각종 육아교실에서 접했던 내용들은 현실의 육아에 1% 정도 도움이 됐다. 풍문으로만 듣던 육아를 실제로 해봐야 알 수 있다는 것을 알려줬더라면 이렇게 힘들지 않았을 텐데. 그동안 육아교실은 왜 다녔는지 모르겠다.

친척에게서 얻어온 흔들침대가 있었다. 흔들침대에 눕혀놓고 흔들어주면 아이가 잠을 잘지도 모른다는 생각을 했다. 너무 흔들면 아이의 뇌가 다칠 수도 있다는 말에 조심하면서 흔들어줬다. 아이는 잠시 방긋했지만 이내 안으라는 신호를 보냈다. 갑님은 그렇게 흔들침대가 불편하다 하셨고 잠을 재우는 용도로는 한 번도 쓰지 못했다.

잠을 자고 나면 아이가 한 5살쯤 되어있으면 좋겠다고 생각한 적이 한두 번이 아니었다. 함께 자다가도 내가 깨어있지 않으면 계속해서 나를 불러댔다. 잠에서 깬 내가 말을 걸며 쳐다보면 아이가 한 번 '씨익' 웃어주는 것이 나의 급여였다. 밤에 잠에 취해 소파에 앉아서 수유를 하다가 아이를 떨어뜨릴 뻔한 적도 몇 번 있었다.

조리원에서 나온 첫날, 미역국을 못 끓이는 남편은 내가 먹고 싶었던 보쌈을 배달시켰다. 빨간 김치에 수육을 싸서 정말 신나게 먹었다. 그 다음날 아이가 설사를 했다. 내가 먹은 보쌈 때문이었다. 모유수유를 하게 되니 먹는 것에도 지장이 생겼다. 기름지거나 매운 것을 먹으면 바로 설사로 이어졌다. 내 삶의 유일한 낙인 먹는 것도 지장을 받다니…. 좌절의 연속이었다. 아이가 얼른 자라서 내가 먹고 싶은 것을 먹고, 자고 싶은 대로 잠을 자면 좋겠다는 것이 당시 내 소원이었다. 임신했을 때는 빨리 낳기를 바랐고, 낳고나니 얼른 커주면 좋겠다고 생각했다. 그야말로 손 안대고 코 풀기를 원했다.

처음 겪는 일은 누구에게나 낯설다. 강아지 한 번 키우지 않았던 나는 그 작은 아이를 어쩔 줄 몰라 했다. 기저귀를 간다고 아기 다리를 들면 얇은 다리가 쑥 빠져버릴 것만 같았고, 곤히 잠든 아이가 숨을 쉬는지 확인을 해야 했다. 깨어있으면 빨리 자면 좋겠고, 잠을 오래자면 이상이 있나 걱정했다. 대학교 다닐 때 배웠던 아이의 기본반사를 테스트 해보면서 이상이 있는지 없는지도 살펴보았고, 반응이 없으면 반응을 나타낼 때까지 해봤다. 혹시나 하는 마음에서였다. 초보엄마라서 힘들었지만 아이도 서툰 엄마에게 와서 더 힘들지 않을까? 가끔 그런 생각이 들었다. 아이가 보기에 엄마라는 사람이 모든 게 서툴러서 허둥지둥하고 있고, 자신이 울어도 해결되지 않는 일도 많다. 말하지 못하는 아이는 얼마나 답답했을까? 이 사람을 믿어도 될까 하는 생각이 들진 않았을까?

어렵고 힘들고 지치고

2.8kg의 작은 아이는 조금씩 자랐다. 입이 짧은 건지 모유량이 부족한 것인지 여전히 2시간마다 배고파했고 한 번에 많이 먹지도 않았다. 분유를 먹이면 얼마나 먹는지 그 양을 알 수 있지만 유축기로 짜내는 양과 아이가 먹는 양은 같지 않았다. 밤에 일어나 분유를 타고 온도를 맞추는 일이 귀찮아서 계속 모유수유를 고집했다. 분유를 먹이면 포만감이 들어 잠을 잘 자고 새벽에도 자주 안 깨어 예민하지 않을 것 같았다. 분유를 먹는 주변의 아이들을 보면 성장도 빠른 것 같고 성격도 좋은 것 같았다. 고민이 됐다. 대신 젖병도 사야하고 소독기 같이 필요한 물품이 생기며 매번 분유 값도 무시할 순 없었다. 내가 어릴 때부터 약했던 것이 모유를 못 먹고 자라서 그럴 거라 늘 추측했던 나는 모유를 포기할 수 없었다. 내 욕심에 조금 힘들어도 계속 모유를 먹여야만 했다.

아이가 늦가을에 태어난 덕분에 산후도우미가 오는 기간이 끝나고 얼마 있지 않아 남편이 방학을 했다. 물론 출근하고 보충수업도 나갔지만 함께 있는 시간이 늘어서 많이 도와줬다. 도와준다는 것이 아이를 잠시 안고 있다거나 점심때 라면을 끓이는 등이었지만 그래도 옆에 있다는 것만으로도 도움이 많이 됐다. 추운 겨울 18평의 작은 집에서 대부분을 아이와 함께 지냈다. 아이가 어려 아직 밖에 나가지도 못했다. 친구를 밖에서 만날 수도 없었다. 아이가 있다고 집으로 친구들이 놀러오는 일도 없었다. '산후 풍'으로 고생했던 친정엄마는 내가 어디라도 나갈라치면 바로 뼈에 바람이라도 들어오는 양 잔소리를 쏟아내셨다. 그나마 내가 만나고 이야기 하는 사람은 아이와 남편뿐이었다.

예민한 아이는 작은 소리에도 반응을 했다. 잠을 자고 있을 때는 집안일도 올 스톱이었다. 아이와 함께 잠을 자거나 혼자 작은 방으로 건너가 컴퓨터를 하는 등의 일만 할 수 있었다. 책을 읽는 것은 사치 같았다. 짧은 시간의 휴식이 끝나면 또 울음으로 불러댔다.

아이가 울 때 바로 안아주거나 반응을 보이면 손을 탄다'는 표현을 쓴다. 울 때 안아주기 시작하면 자꾸 안아줘야 한다는 것이다. 내 생각은 달랐다. 아이가 운다는 것은 여러 가지 의미가 있다. 배고프거나, 기저귀가 축축하거나, 졸리는 등 본능적인 몇 가지가 충족되면 아이는 놀아주기를 원했다. 안아주고 집안 이곳저곳을 구경시켜주고 말 걸어주고 하는 것이 재미있는지 눕히면 곧 안아달라는 표현을 했다. 아이가 원하면 늘 안아줬다. 어깨며, 팔이며 힘이 들고 아팠다. 그래도 계속 안아줬다. 또 다른 이유는 아이의 울음소리가 듣기 싫었다. 아이의 울음소리를 들으면 굉장히 마음이 불편하고 신경질이 났다. 내 어린 시절 참 많이 울었던 것 같다. 울 때마다 엄마에게 혼이 나고 혼내는 엄마가 무서워 또 울면 운다고 또 혼이 났다. 점점 자라면서 엄마나 남 앞에서 울지 않았다. 아무리 슬픈 영화나 드라마를 봐도 속으로 삼켰다. 울면 혼났다는 안 좋은 기억이 내 안에 있었다. 그래서 아이가 조금이라도 울면 바로 안아줘야 했다. 아이를 위하는 일이기도 했지만 나를 위한 일이기도 했다.

아이를 싫어하던 내가 어느새 고슴도치 엄마가 되어있었다. 내 아이라서 그런가. 한없이 귀여웠다. 아이는 다른 아이들과 마찬가지로 자기 발가락을 만지면서 놀기도 하고 뒤집기를 하려는 듯 옆으로 눕기도 했다. 조금씩 발달하고 커 나가는 모습을 보면서 참 고마웠다.

방학을 맞이해 집에서 함께 지내는 남편은 설거지를 잘 못했다. 꼼꼼한 것인지 느린 것인지 모르겠다. 남편이 설거지를 하면 시간과 물이 몇 배로 든다. 그래서 지금도 설거지는 1년에 몇 번 정도만 한다. 대신 내가 설거지를 하고 있으면 남편은 아이와 함께 놀아줬다. 잠만 자지 않고 깨어있는 시간이 많아지는 아이는 적어도 아빠, 엄마는 아는 것 같았다. 남편은 아이 옆에 누워서 동화책을 읽어주거나 말을 걸어줬다. 까만 눈동자로 쳐다보면서 아빠가 읽어주는 이야기에 집중했다.

육아는 부모가 함께 하는 일이다. 도와준다는 개념이 아니라 '함께 하는' 일이다. 남편은 회사에 나가고 아내가 아이의 양육을 도맡아 하는 경우가 많다. 물론 아내가 직장을 다니게 된다고 해도 아내의 육아가 더 높은 비중을 차지하는 것이 사실이다. 하지만 아이에게는 엄마만 필요한 것이 아니다. 각각의 부모에게 다른 것을 배운다. 어떤 남편은 아이와 함께 지내는 것이 불편할 수도 있다. 아이와 놀아주는 방법을 모른다거나 그저 눈으로만 보고 있으면서 "아이를 본다"고 말하는 경우도 있다. 이때의 '본다'는 것이 '돌본다'라는 뜻인 줄 모르는 것이다. 물론 아이와 놀아주는 일은 힘든 일이다. 말도 통하지 않는 아이는 더욱 그렇다.

친정 아빠는 일찍 귀가를 잘 안하셨나보다. 친정 엄마 말로는 아이가 없을 때 일찍 좀 다니라고 하면 "애도 없는데 일찍 와서 뭐하노"라고 하셨고, 내가 태어났을 때 일찍 좀 다니라는 아내에게 "애가 말도 못하는데 뭐가 재밌노"라고 하셨단다. 그래도 어릴 때 기억으로는 엎드려 있는 아빠 등에 타고 말을 탄 것처럼 "이랴", "이랴" 하면서 놀기도 하고, 뽀빠이 같던 아빠의 팔에 나와 동생이 각각 한 팔씩 매달리기도 했다. 몸으로 하는 놀이를 했던 기억은 아직도 좋은 추억으로 남아있다.

전형적인 경상도 남자인 친정 아빠도 아이와 그렇게 놀아줬다. 지금은 그 시절보다 아빠들이 많이 개방되어있다. 아이와 놀아주는 것도 중요하지만 그 전에 아이와 친해져야 한다. 엄마와의 관계만 좋고, 아빠와는 데면데면한 아이들도 있다. 아빠가 늦게 귀가하거나 잘 못 놀아주는 경우이다. 마음은 그렇지 않지만 아이들은 어색하다. 아빠의 존재는 알지만 그리 친하지는 않은, 어쩌다가 같이 놀게 되면 불편하고 화를 내는 아빠는 아이들이 멀리하기 딱 좋다. 아빠만의 문제가 아니라 이럴 때 엄마의 중재도 필요하다. 혼자만 힘들다고 불평하지 말고 아이와 아빠와의 관계를 위해 엄마가 고민하고 노력하는 것이 곧 엄마가 편해지는 길이다.

아빠와 아이가 함께하는 예능이 꾸준히 인기를 끌고 있다. 연예인과 그들의 2세를 보는 재미가 있다. 톡톡 튀는 아이들과 육아가 어색한 아빠들의 모습을 지켜보는 것도 인기요인 중 하나이다. 촬영하는 날 엄마는 1박의 휴가가 주어진다. 엄마는 전혀 나오지 않고 오직 아빠와 아이만 생활을 한다. 몇 년 전, 아빠와 아이가 여행을 가는 예능이 있었다. 평소에 바빠서 아이들과 시간을 잘 보내지 못했던 아빠들은 아이와의 여행을 통해서 "내 아이에게 이런 면이 있었나, 아이가 이렇게 생각하고 있었나?" 하는 말을 개인 인터뷰에서 자주 했다. 그만큼 아이와 보내는 시간이 적었던 이유이다. 아이를 자주 보는 엄마들도 아이에 대해서 다 알지 못한다. 가끔 아이와 시간을 보내는 아빠라면 더욱 그럴 수밖에.

부부가 각자 잘 하는 분야를 선택해서 나누어 일을 하는 것이 필요하다. 집안일을 잘 못하는 남편은 쓰레기봉투만 버려줘도 된다. 대신 아이에게 책을 한 권 읽어주거나 30분이라도 알차게 놀아줘야 한다. 남편이 잘 못하고, 무관심하다며 불평하고, 그러면서 일을 혼자 다 하는 아내는 계속 그렇게 살 수 있다. 남편은 어떤 것을 해야 할지 모르는 경우도 많다. 집안일도 육아도 할 수 있는 분야를 나누어 한다면 '독박육아'라는 말도 나오지 않았을 것이다.

엄마의 육아 스트레스가 우울증으로 심해지는 경우도 있다. 가끔씩 뉴스에 나오는 끔찍한 사건들의 내면에는 엄마의 극심한 육아 스

여자는 육아로 성장한다

트레스와 우울증이 있다. 남편의 부재 속에서 종교나 다른 사람의 도움을 받을 수 있는 사람이라면 극복 가능하겠지만 그렇지 않은 경우에는 뉴스에 나올 정도로 힘들다. 아이를 낳기 전에는 이해하지 못했던 뉴스들이 아이를 키우면서 이해가 가기 시작했다. 오죽 힘들면 저렇게 할까 하는 생각도 들고 동질감도 느껴진다.

지금은 그 힘든 시기가 다 지나가서 담담하게 이야기 할 수 있다. 돌아보니 한 가지 확실한 점은 시간이 흐르고 아이가 자라면서 많이 해결됐다는 부분이다. 아이가 자꾸 안아 달라, 업어 달라 하고, 아이를 업고 설거지를 하면서 힘이 들었던 때가 한 때였다. 그 힘든 정도가 그 시절에 많이 몰려있어서 너무 힘들다고 느껴졌던 것이다. 그 힘듦을 떡 자르듯이 나눌 수만 있었다면 그렇게 힘들지 않았을 텐데 하는 생각도 든다.

나는 엄마가 아닌가봐

엄마는 다 그런 줄 알았다. 아이에게 무한 사랑을 베푸는 엄마. 아이를 싫어했지만 내가 엄마가 되면 나도 그렇게 될 줄 알았다.

임신 중 뱃속의 아이를 걱정하고 기다리는 것이 모성애인 줄 알았다. 아이를 낳았지만 엄마의 기본이라 여겼던 모성애는 느낄 수가 없었다. 아이는 그저 신기하기만 했고, 아이도 나도 서로가 낯설기만 했다. 나는 모성애가 없는데 그럼 엄마 자격이 없나? 아이와 데면데면하고 어색하고 친하지 않은데 모성애가 생길까? 어떡하면 모성애는 생기는 걸까? 어디서 배우고 싶었다.

조리원 신생아실에 있는 아이를 방으로 데려와 수유를 하는 시간이었다. 잠시 침대에 눕혀놓은 아이는 아주 까만 눈동자를 이리 저리 굴리며 세상 구경을 하는 중이었다. 지켜보던 나와 눈이 마주쳤다. 아이는 내가 사람인지, 엄마인지 알았을까? 한참을 서로 눈 맞춤을 했다. '웃어줘야 하나? 말을 걸어줘야 하나?' 결국 아무 말도 못하고 내가 먼저 눈길을 피했다. 사실 그때 좀 겁이 났다. 아이가 나를

여자는 육아로 성장한다

바라보는 기운이 엄청났다. 무서웠다. '이제 스스로 움직이는 한 명의 사람이구나, 내가 너를 어떻게 잘 키울 수 있을까' 하고 겁이 났다.

아이를 데리고 집에 오면서 24시간 붙어있게 됐다. 그제야 눈뜨면 보고 밥 먹다 보고 잠자다가도 보는 관계가 되었다. 약 20일이 지나면서 좀 친해진 것 같았다. 오로지 내가 느낀 것이지만 그 쯤 되면서 마냥 신기했던 아이도 예뻐 보이기 시작했던 것 같다.

다른 사람과의 관계처럼 아이와의 관계도 어느 정도 시간이 흘러야 만들어지는 것 같다. 아이와 엄마는 무한 사랑을 주고받으며 관계가 형성된다. 아이는 엄마의 사랑을 먹고 자란다. 늘 받으며 살아온 내가 이제 내 자식에게 그 사랑을 나눠 줄 때가 왔다. 그 사랑을 나눠주면서 나도 엄마가 되고 저절로 모성애라는 것을 가지게 된다.

2011년 EBS '다큐프라임'이라는 프로그램에서 '마더쇼크(Mother Shock)'라는 제목으로 3일간 다른 주제의 '엄마' 이야기를 다뤘다. 엄마라면 생각나는 것이 '엄마는 모성애가 강하다', '엄마는 헌신적이어야 한다', '엄마는 아이와 남편을 위해 희생해야 한다' 등의 여러 가지가 있다. 지금의 30대의 엄마들은 이런 '엄마'에 대해 많은 혼란을 느끼고 있다고 한다. 우리의 엄마는 자신보다는 아이들과 남편을 위해 희생하고 헌신하며 모성애가 강했다. 그런 엄마의 모습을 보고자란 30대 젊은 엄마들은 스스로 사회생활도 하고 그것을 통해 자기 성취감도 느끼는 세대이기 때문에 '머리와 가슴이 느끼는 엄마'가 다르다는 것이다.

여기 나오는 초보 엄마들의 인터뷰를 보면서 참 많이 공감했다.

"아이를 낳으면 모성애가 막 끓어 넘칠 것 같았다, 아이가 울어서 아무리 달래도 그치지 않을 땐 아이 입에 손수건을 넣고 싶었다, 아이 때문에 힘들면 아이가 너무 미웠다."

나도 아이를 낳으면 바로 끓어 넘칠 것 같던 모성애가 느껴지지 않았다. 그렇지 않은 내가 낯설게 느껴졌다. '내가 이 아이를 사랑하지 않는 걸까? 이렇게 사랑하지 않는데 앞으로 아이를 어떻게 키우지?' 하는 생각이 매일 들었다. 아이와의 관계와 책임감이 무겁게 다가왔다. '부모가 되면 다 겪는 일일까? 나만 이런 생각이 들까?' 싶었다.

서로 얼굴도 모르는 아이를 출산으로 만났다. 초보 엄마는 작은 아이를 어떻게 해야 할지 모른다. 하나부터 열, 아니 백까지 다 낯선 일 뿐이다. 불편하다고, 배고프다고, 놀고 싶다고 오직 울음으로만 말하는 아기를 두고 무슨 말인지 해석불가다. 제발 울지 말라고 외쳐도 아이의 울음소리가 귀에 너무 거슬린다. 내 귀를 막아 봐도 그 틈을 비집고 아이의 울음소리는 선명하게 들려온다. 엄마도 함께 울면서 아기와 초보 엄마는 조금씩 성장한다. 분명 아이는 혼자 키우는 것이 아니라고 했지만 아이의 밥줄을 쥐고 있는 엄마에게 아이는 떨어질 수 없다. 부성애보다 모성애가 더 애절하고 애틋한 것은 그렇게 안고 키운 시간 때문일 것이다.

아이를 낳고 이틀정도 몸살을 앓았다. 아이는 모유수유 시간을 통해 엄마에게 왔다가 가는데, 몸살을 앓은 이틀은 아이를 데려오지 못했다. 간호사는 아이가 엄마를 계속 찾았다 했다. '갓난아기가 어떻게 엄마를 찾나?' 싶었다. 유축 해놓은 모유를 먹고, 불편한 것이 없어도 아이는 엄마 냄새를 찾는다고 했다. 이틀이 지나고 나와 만나고 간 아이는 한결 편안해 보인다고 했다. 당시 조리원 간호사의 말이라 나는 느끼지 못한 일이다. 그 말이 사실이라면 아이가 먼저 내게 다가오려 했고 손을 내민 것이다. 약 30년 먼저 살아왔지만 나보다 아이가 더 마음이 넓은 건 아닐까?

앞서 말한 EBS '다큐프라임' '마더쇼크'의 마지막에 그런 말이 나온다. '모성애는 아이와의 애착이 어느 정도 형성될 때 생기는 것'이라고. 내가 생각했던 '아이를 낳음과 동시에 생기는 것'이 아니었다. 아이를 돌보면서 시간이 흐르고 아이와 좀 친해져야 되는 것이었다. 나만 이상한 게 아니었다. 다른 엄마들은 아이가 예뻐서 계속 보고 싶고, 예쁘다 하고 그러는데 나만 아닌 것 같았다. 원래 아이를 싫어해서 모성애도 없나 싶었다. 물론 평소에 아이를 좋아하는 사람이라면 모성애가 생기는 시간도 짧을 것이다. 이런 냉정한 엄마에게 온 아이가 안됐다 싶었다. 그렇게 시간이 흐르고 아이와 친해지면서 내게도 모성애라는 감정이 점점 생겨나지 않았나 싶다.

보편적인 '엄마'의 모습은 늘 자기 자신이 없다. 남편, 아이들, 가정이 우선이다. 그래서인지 직장에 다니는 엄마들은 냉정해보이기도 한다. 우리가 생각하는 엄마의 모습을 따라갈 필요는 없다. 우리 엄마세대의 모습처럼 살지 않는다고 욕을 듣진 않는다. 세상은 우리가 어릴 때보다 30년 이상 변해왔다. 변하는 세상 속에 여성의 위치도 많이 바뀌고 그에 따른 엄마의 모습도 변화되었다. 고등학교나 대학교를 졸업하고 신부수업을 받고 결혼하는 여성들은 이제 찾아보기 힘들다. 소득을 떠나 자신이 하고 싶은 일, 할 수 있는 일을 찾아 열심히 일하고 자기애로 무장한 여성이 더 많다. 그런 여성들이 엄마가 된다면 아이나 가정을 위한 희생을 할 수 있지만 옛날 우리 엄마세대의 희생과는 다르다. 나 자신도 있고, 아이도, 가정도 모두 살리는 21세기 엄마 스타일이다.

모성애라는 이름으로 여성, 엄마들의 희생을 강요하는 것은 아닐까? 직장 업무에 비중을 조금 더 주게 되면 "저 엄마는 모성애도 별로 없나 봐"라며 질타하거나 지극히 아이에게만 올인 하는 엄마에게는 왜곡된 모성애라며 '모성애'라는 이름으로 엄마들을 힘들게 한다. 엄마라면 무조건 헌신적인 모성애가 있어야 한다는 옛날 사고를 아직도 많이 갖고 있기 때문이다. '옛날 우리 엄마는 이렇게 안했어'라는 것은 '옛날 엄마'였기 때문에 가능했던 일이다. 그것을 21세기 엄마에게 강요하면 안 된다. 21세기 엄마는 21세기에 맞는 엄마 상을 가지고 살아가게 놔둬야한다.

아이가 돌 즈음 됐을 때 유아전집 판매자가 우리 집에 왔다가 물려받은 책이 있는 책장을 보고 이런 말을 했다.

"21세기 아이에게 20세기 책을 읽혀주고 있네요."

판매하는 입장에서 그렇게 자극을 줘서 책을 구입하게 만들려는 속셈이었다고 알고 있다.

그 말을 살짝 바꿔서 지금 "21세기의 엄마들에게 20세기의 모성애를 강요하지 말라"고 말하고 싶다. 일하는 엄마가 많은 요즘에 20세기 형태의 모성애를 강요한다면 모두 일을 그만둬야 할 판이다. 스마트폰으로 손 안에서 모든 세상의 일을 다 알 수 있는 요즘이다. 엄마의 모성애도 스마트하게 진화되고 있다. 친정 엄마에게 받은 사랑만큼 아이에게 못주고 있다고 자책할 필요가 없는 것이다. 우리는 우리 나름대로 잘 하고 있는 것이다. 지금도 우리는 점점 엄마가 되어가고 있다. 내가 엄마다운 엄마가 아닐까? 모성애가 부족할까? 하는 생각 따윈 버리자. 대신 21세기형 엄마로 진화하고 있다고, 아이를 충분히 사랑하며 나 자신도 사랑하는 당당한 엄마로 살고 있다고 스스로 대견해하자. 충분히 그럴 자격, 있다.

상상학대

학대(abuse, 虐待): 강자의 약자에 대한 과혹한 대우, 지배, 힘의 행사를 뜻하며, 좁은 뜻으로는 의도적, 비의도적과는 관계없이 대상과 특별한 관계에 있는 자 등이 대상에 불필요한 고통을 주는 것(출처: 네이버 생명과학대사전).

나는 학대를 하고 있다. 우는 아이의 입을 틀어막고, 때린다. 머리채를 잡고 흔든다. 발로 찬다. 밖으로 던져버린다. 명백한 아동학대다. 그리고 나는 잔인한 아동학대범으로 TV에 나온다. 정신을 차리고 후회하지만 이미 나쁜 결말이다. '친엄마가 어떻게 저러냐, 정신이 상자냐' 사람들이 손가락질 한다. 좋은 엄마가 되고 싶었지만 나는 이미 틀렸다.

아이의 울음소리에 정신을 차렸다. 혼자 멍하니 상상하고 있었다. 나는 아이가 원한다고 생각한 것들을 모두 시도해본 뒤였다. 뭐가 마음에 안 드는지 아이는 계속 울고 있었다. 말을 하지 못하는 아이는 그저 울음밖에 표현할 방법이 없다. 아이의 생각을 알고 싶지

여자는 육아로 성장한다

만 알 도리가 없다. 이것도 아니, 저것도 아니란다. 어르고 달래보아도 아니란다. 기저귀를 갈아줘도 아니란다. 배고픈 것도 아니란다. 밖에 나가고 싶은 것도 아니란다. 도대체 뭘 원하는지 모르겠다. 아이는 얼마나 답답한지 몇십 분째 울고 있다. 이럴 땐 나도 같이 울고 싶다. 같이 소리 지르고 악을 쓰기도 한다. 아이는 겁을 먹었는지 더 크게 운다.

아이의 울음소리는 내 신경을 곤두세운다. 정말 듣기 싫은 울음소리다. 어른들은 아이를 좀 울려도 된다고 하지만 악을 쓰고 우는 것은 문제가 있다. 나도 답답하지만 아이도 참 답답하겠다 싶다. 한참 동안 우는 아이를 보면서 나도 모르게 머릿속으로 학대를 하고 있다. 내 능력보다 빠른 실행력이 있었다면 지금쯤 어찌 살고 있을지 생각만 해도 끔찍하다. 아이가 말을 하기 전까지 이런 일이 참 많았다. 다행스럽게도 아이는 말을 빨리 배웠다. 그래야 엄마와의 관계가 개선 될 거라 본능적으로 깨달은 건지도 모르겠다.

상상 속에서 아이를 실컷 학대하고 정신을 차리면 내 앞에는 아주 연약한 아기가 있다. 작은 몸에서 모든 내장을 토해낼 듯이 울고 있다. 무엇이 그리 불편한지 목이 쉬도록 운다. 미안하다. 머릿속에서라도 그렇게 학대를 했다는 것이 미안하다. 아이는 저렇게 온 힘을 다해 표현하고 있는데 엄마라는 사람은 못 알아듣고 아이를 학대하는 상상만 하고 있다. 자신의 말을 못 알아듣는 엄마가 얼마나 답답했을까? 아이는 울면서 그렇게 말하고 있었는지도 모른다. '당신이 과연 내 엄마가 될 자격이 있냐'고.

외국에서 살았다면 아이의 울음소리가 자주 들린다고 신고가 들어갔을지도 모르겠다. 낮에는 이웃들이 직장이며, 학교에 가는 시간이라 그나마 다행이었다. 늘 집을 지키는 이웃이 있었다면 외국이 아니어도 신고가 들어갔을지도 모른다.

내가 어릴 때는 집집마다 회초리가 있었다. 우리 집의 회초리는 파리채였다. 파리를 잡을 때도 쓰지만 우리를 잡을 때도 파리채는 쓰였다. 맞아서 아팠다는 기억만 나고 그 이유는 잘 기억나지 않는다. 뭔가 엄마가 단단히 화가 나 있었고, 아팠고, 겁났다. 그런 기억 때문에 아이를 때리지 않겠다는 마음을 먹었다. 농담이라도 "맴매 한다"는 말도 하지 않았다. 근처 사는 친구를 만났을 때 그 친구가 자신의 아이에게 "맴매 한다"는 말을 했을 때 가슴이 쿵했다. 정말 집에서 혼낼 때 때리는지 물어보진 못했지만 그 '맴매'라는 말을 듣고 하려던 행동을 하지 않는 아이를 보면서 추측해볼 순 있었다. 그래서 더욱 내가 화가 날 때 아이를 때리는 상상만 했는지도 모른다.

뉴스에서 친부모에 의한 아동학대가 가끔 알려져 사람들의 공분을 산다. 아이가 없을 때는 무조건 나쁜 부모라고 욕하고 손가락질하기에 바빴다. 이상하게도 아이를 낳고나면 더 욕하고 손가락질할 거라 생각했는데, 아이를 낳고 나선 가해자인 부모가 이해되기 시작했다. 그들이 부모가 된 상황을 보고 그 심리를 추측해보면서 그 부모도 스스로를 학대한 상황 같았다. 그렇다고 아동학대를 옹호하는 것은 아니다. 부모가 심리적으로 불안하거나 아이를 키울 상황, 여건이 되지 않는 것이 보인다는 것이다. 또 엄마가 우울증으로 아이를

여자는 육아로 성장한다

죽이거나 심각한 상해를 입히는 경우도 종종 있다. 아이를 사랑하는 마음보다 엄마의 마음의 병이 더 커서 그런 일이 생긴다. 매번 그런 기사를 접하면 마음이 또 쿵 내려앉는다. 먼저 피해 입은 아이가 불쌍하고 엄마도 불쌍하다. "엄마가 어떻게 아이를 죽이냐"고 욕하기전에 '왜 엄마가 그럴 수밖에 없었을까'라는 생각도 든다. 아이를 키우면서 바뀐 사고방식이다. 그러면서 나도 정신 바짝 차려야겠다는 다짐도 한다. 여차하면 나도 아이를 학대할 가능성이 많았다. TV에 나오는 아동학대만 학대일까? 내 머릿속에서 그린 상상학대도 학대의 일부라고 생각이 든다.

둘째 아이는 그런 일이 없었다. 성향도 달랐고 둘째 아이가 어릴 때부터 내가 일을 했기 때문에 둘만 지낸 시간도 그리 많지 않았다. 첫째 아이에게 미안한 점은 내가 처음이라 그랬다는 것이다. 경험이 없는 초보 엄마를 만나서 너도 참 고생이 많구나, 늘 미안하다.

아이는 내게 무언가를 요청했다. 엄마인 내가 알아들으면 좋겠지만 그렇지 않은 일도 절반 가까이 차지했다. 그러나 한 번쯤 생각해 볼 일은 내가 컨디션이 좋거나 기분이 좋을 때는 화를 내는 일도 많지 않다는 것이다. 아이가 아무리 울어도 어르고 달래게 되지 아이와 함께 화내고 악을 쓰진 않는다. 반대로 아이는 평소처럼 하는 일을 하는데, 그것을 보는 내가 먼저 화를 내는 경우도 있다. 그럴 때 그 시간이 지나고 돌이켜보면 아이는 평소에 하던 일을 했을 뿐인데 혼이 났다. 일관성 없는 엄마의 행동은 아이가 어떻게 행동해야 할지 갈피를 잡지 못하게 하고 엄마의 눈치를 보는 아이로 자라게 만든다. 지금도 첫째 아이가 내 눈치를 살피는 것을 느낄 때마다 아이가 어릴 때 갈피를 잡지 못하게 만든 초보 엄마의 실수들이 보여 내 가슴에 대못처럼 박힌다. 드라마 '도깨비'에서 도깨비 신부가 도깨비의 가슴에 박힌 칼을 빼려할 때 엄청난 아픔을 느낀 것처럼 나도 내 가슴에 박힌 대못을 빼려니 무척이나 아프다.

아이에게 일관성 없이 화를 내는 것은 어른인 부모가 아이에게 갑질하는 거나 마찬가지다. 사회의 수많은 갑질을 부당하다 여기고 있을 때 집에서 나는 아이를 대상으로 갑질하는 사람이 아닌지 생각할 필요가 있다. 아이가 갑이라고 여기고 아이에게 최대한 맞추어 산다고 여기면서도 많은 부모가 자신의 아이에게 갑질을 한다. 아이를 조종하려고 하고 자신의 의도대로만 향하게 만든다. 아이의 생각은 그저 부수적인 것일 뿐이고 결과는 늘 부모가 원하는 대로 향한다. 그것이 갑질이다. 중국에는 얼마 전까지 산아제한을 통해 1가정 1자녀만 허락됐다. 그 때문에 '소황제'로 자란 아이들이 많다. 맹목적인 사랑과 과보호를 받아 자신만 아는 아이로 자란다는 소황제까지는 아니더라도 아이의 의견을 존중하고, 아이에게 갑질하지 않는 부모로 성장하는 것도 부모의 의무라 여겨진다.

부모도 사람이라 항상 같은 컨디션을 유지하기는 힘들다. 몸과 마음의 상태에 따라 하던 일이 잘되거나 그렇지 않은 경우처럼 말이다. 아이에게 일관성 있는 부모가 되는 일도 마찬가지다. 일관성을 유지하기가 힘들다면 그것을 인식하고 한 방향으로 나아가려는 최소한의 노력은 필요하다.

아이의 어린이집은 동네 시장에 위치하고 있다. 워킹 맘 시절 일을 마치고 아이를 데리러 가면 집으로 오는 길에 아이들은 동네 슈퍼에 들러 맛있는 것을 사달라고 했다. 저녁 6시가 넘은 시간이라 출출하기도 할 것이고 또 엄마는 미안한 마음에 아이에게 과자를 쥐어줬다. 그것이 하루, 이틀, 한 달, 두 달이 지속되면서 아이의 건강도 염려됐지만 습관도 문제가 됐다. 아이들에게 날짜를 정해서 일주일에 두 번만 슈퍼에 가기로 약속했다. 일주일에 일곱 번 가던 슈퍼를 세 번으로 먼저 줄이고, 그 다음에는 두 번으로 줄였다. 아이들과 대화를 통해서 약속한 날짜였다. 그러나 내가 기분이 좋을 때 아이들에게 서비스라는 이름으로 과자를 사주는 날도 생겼다. 아이들은 약속한 날짜가 아니라도 얻을 수 있는 과자를 쉽게 생각했고, 약속도 쉽게 생각했다. 내가 먼저 약속을 어겼으니 아이들도 큰소리 칠 수 있는 것이었다. 다시 마음을 굳게 먹고 일주일에 두 번의 약속을 지켜나갔다. 내가 기분이 좋아도 즉흥적으로 과자를 사주는 일을 최대한 자제했다. 일관성 있는 부모의 모습을 내 스스로 지켜나가고 싶었다.

지금은 아이를 머릿속으로 학대하는 일도, 즉흥적으로 과자를 사주는 일도 없다. 아이들이 자신의 용돈으로 원하는 것을 사 먹을 정도로 많이 자랐다. 말이 안통해서 같이 악을 쓰며 울던 첫째 아이도 학교에 들어갔다. 지난날 상상으로라도 학대하고 힘들게 했던 일이 부끄럽고 미안하기도 하지만 그 시간을 통해서 나도 부쩍 자라왔다. 그래도 잘한 일은 학대가 상상으로만 그쳤다는 것이다. 즉시 실행을 했다면 아마 이 글을 쓰고 있지도 못했을지 모른다.

다시 돌아온 몽실 언니

초등학교 2학년이 되던 가을, 막내 동생이 태어났다. 서른아홉의 노산모 엄마는 급격히 몸이 쇠약해져 아이를 돌보지 못했다. 아이를 맡길 곳이 없어 병원의 신생아실에 부탁해 그곳에서 백일 가까이 아이는 자랐다. 신생아용 바구니 안에서 커가는 몸을 구겨 넣은 채 자라던 아이는 집으로 왔을 때 목이 한쪽으로 돌아가 있었다. 아이를 세심하게 돌봐주지 못한 자책감에 엄마는 많이 힘들어했다. 동생이 집으로 온 뒤부터 하교 후 동생 돌보기는 내 차지가 되었다. 오전 수업을 마치고 집에서 점심을 챙겨먹은 뒤 막내를 안아주고 분유도 타주고 놀아주기도 했다. 아이를 업고 좁은 공간인 집에서 나와 아파트 앞을 산책하기도 했다. 그 때 나이 아홉 살, 어린이 유모였다.

동생이 태어나던 해 '몽실 언니'라는 TV 드라마가 방영됐다. 동명의 소설 『몽실 언니』를 기반으로 만든 드라마였다. 기억나는 것은 시대배경이 한국 전쟁 후였고, 가난한 소녀 몽실이가 동생을 포대기에 업고 있는 것, 몽실 언니의 머리는 단발이었다는 점이다.

하교 후 늘 빨간 포대기에 동생을 업고 있었다. 집에서는 심심해 밖에 나가곤 했는데, 아파트 앞의 공터에서 친구들이 고무줄뛰기 하는 것을 구경하곤 했다. 나는 고무줄뛰기를 잘 못하는 편이라 하고 싶기보다는 친구들이 하는 것을 보는 게 더 재미있었다. 집에서 그런 나를 지켜보던 엄마는 마음이 많이 아팠다고 하셨지만 나는 괜찮았다.

아이 셋을 돌봐야했던 엄마는 아침마다 내 머리 손질하기도 벅차하셨다. 어느 날 질끈 묶고 다니던 머리카락을 단발로 잘라주셨다. 빨간 포대기에 아기를 업고 단발머리를 하고 있는 90년대 몽실 언니의 탄생이었다. 매일 내 등에 업혀 길게 내려오는 말총머리를 갖고 놀던 막내 동생은 어느 날 가지고 놀던 머리카락이 없자 업혀서도 엄청 울어댔다. 안정감을 주던 머리카락의 상실은 아이에게 큰 충격이었나 보다.

첫 아이를 낳고 빨리 아이를 업기 시작했다. 유연성이 떨어지는 허리 때문에 전방 아기 띠로 아이를 오래 안고 있으면 보통 힘든 게 아니었다. 아이를 업으면서 옛날 생각이 났다. 포대기보다 아기 띠로 아이를 업고 있지만 몸이 기억하고 있었다. 단발머리는 아니지만 다시 몽실 언니가 된 느낌이었다. 21세기의 몽실 언니는 아이를 업고 많은 일을 했다. 간단한 집안일, 설거지는 아이를 업고도 충분히 가능한 일이었다. 시장을 갈 때나 잠시 산책을 다녀 올 때도 아이는 늘 내 등에 있었다. 누가 도와주지 않아도 아이를 등에 잘 올렸다. 사람들은 초보엄마치고 아이를 잘 업는다고 했다. 내 몸이 기억하는 익숙한 아기 업기라서 수월했다.

초등학교 4학년 때 친구에게서 배운 자전거 타기나, 5학년 때 1년 간 배운 수영은 꾸준히 하지 않아도 몸이 기억한다. 아직도 차가 무서워 길에서 자전거를 타는 일은 없지만 가끔 타게 되면 완전 초보는 아니다. 여행지에서 단체로 자전거를 빌려서 타는 일이 있었을 때도 못타는 사람이 남의 뒤에 앉아서 구경만 할 때 나는 내가 가고 싶은 길을 선택해서 갈 수 있었다. 무릎이 아파서 치료 삼아 억지로 배운 수영도 도움이 된다. 물에 대해 겁이 없고, 즐길 수 있다. 영법을 잘 하진 못하지만 내가 하고 싶을 때 언제든 수영을 할 수 있고, 힘들이지 않고 물놀이를 즐길 수 있다. 고2 때 학교에서 진해 해군훈련소로 수련회를 간 적이 있었다. 실제 해군 훈련병들이 훈련받는 곳이었는데, 여러 훈련 중 3m 높이에서 입수하는 '전투수영'이라는 훈련을 받았다. 여고 2학년인 학생들은 일단 겁부터 먹었다. 막상 다이빙대에 올라갔어도 다시 뒤돌아 오는 친구들도 종종 있었다. 뛰어내리면 교관이 아래에서 건져주고, 모두 구명조끼를 입고 있어서 물에 빠지는 일이 없는, 크게 걱정할 코스가 아니었다. '그냥 뛰어내리면 되는 거지, 왜 저렇게 겁내지?'라고 생각한 나는 수영을 할 줄 아는 자신감 때문이 아니었나 싶다. 턱이 빠질 수도 있다고 턱을 잡고 뛰어내리라 했다. 내 차례가 되고 턱을 잡고 바로 뛰어내렸다. 물 속 깊이 들어가는 느낌이 났고 구명조끼 때문에 바로 물 밖으로 올라왔다. 너무 재밌어서 한 번 더 해보고 싶을 정도였다.

경험은 내 몸과 세포가 기억하고 있다는 점에서 참 재미있다. 열심

여자는 육아로 성장한다

히 공부하고 외운 것들은 시간이 흐르고 잘 기억나지 않는 경우도 많은데, 몸으로 한 경험은 그렇지가 않다. 어릴 때 배운 피아노는 그동안 안 쳐서 숙련되지 않았지만 지금이라도 악보를 보고 더듬더듬 칠 수 있다. 거기서 조금만 더 반복 연습하면 한 곡을 완주 할 수 있게 된다. 오랜 시간이 지났어도 손가락 근육이 피아노 건반을 기억하고 있는 것이다. 물론 눈과 귀, 손, 어깨, 발 모두 합하여 연주를 하게 되지만 제일 먼저 피아노 건반을 기억하는 건 손가락이다.

아픈 엄마를 대신해서 막내 동생을 업고 다닌 것이 그리 싫진 않았다. 막내가 귀엽기도 했고, 그 때 책임감도 많이 생겨났던 것 같다. 그 때의 경험이 20년이 지나 지금 나의 아이들을 키우는데 도움이 될 거라곤 생각지도 못했다. 물론 동생들 때문에 아이를 싫어했던 지난날도 있었지만 그 모든 경험이 나의 무기가 되었다. 경험이 내 것이 되고, 체화된 것이다.

지금 하는 일이 힘이 들고 벅차다고 느껴본 적이 있는가? 맡은 업무가, 집안일이, 육아가 힘들어서 점점 지쳐가고 있다고 느끼진 않나? 그것이 지금 당장 느껴지진 않지만 힘든 만큼 내 것이 되고 나의 무기가 될지도 모른다. 아이를 낳고 키우던 경험을 살려서 보육교사가 되는 사람도 있고, 자신의 아이에게 영어를 가르치다가 어린이 영어강사가 된 경우도 봤다. 집안일을 좀 더 잘하기 위해서 고민하다가 살림 고수가 된 사람들도 TV나 책에서 종종 볼 수 있다.

대학교 시절 1년 반 정도 집근처 패스트푸드점에서 아르바이트를 했다. 용돈을 벌기 위한 일이었고, 학업과 병행해 돈을 벌수 있다는 점도 장점 중 하나였다. 서비스 직종의 일환이었기 때문에 매일 인사법을 배우고 사람을 대하는 일을 했다. 친절을 기본으로 하며 손님에게 늘 존댓말을 써야했다. 짧은 시간에 주문을 받고 오더를 넣고 포장해서 손님에게 전해주는 일은 신속, 정확함을 요구했다.

　대학을 졸업하고 병원에 입사했다. 사람이 곧 일인 병원은 늘 사람과의 관계에 부딪힌다. 좋은 사람도 많지만 진상환자도 끊임없다. 학생 시절에는 환자를 치료하는 것에 대한 소명의식과 직업의식으로 무장해서 보람만 있는 일일 것 같았다. 하지만 임상에 나와서 일을 해보니 생각했던 것과 다른 부분이 참 많았다. 2~3천 원 남짓 하는 치료비를 내고 호텔 1등급 수준의 서비스를 원하는 사람도 있고, 자기가 대단한 사람인 것을 모르고 평범하게 대한다며 타박하는 사람도 있었다. 원장이나 사모의 지인이라고 오는 사람들은 그 정도가 더 심각했다. 병원 직원을 마치 자신의 하인 부리듯 하는 사람도 여럿이었다. 그래도 사람을 대하는 일이 업종은 달라도 처음이 아니라서 참 다행이었다. 패스트푸드점에서 어린이부터 할머니까지 대하던 그 경험이 병원 생활을 시작할 때도 많은 도움이 됐다. 그저 생활비를 벌기 위해서 시작했던 아르바이트가 몇 년 뒤 사회생활을 하는데 도움이 될 줄은 몰랐다. 아르바이트를 하면서 손님에게 친절하게 대했던 그 목소리 톤과 손님의 말을 자세히 들어야 했던 집중력. 그 모든 것이 환자들에게도 똑같이 적용됐다. 사람을 대하는 일이라 연관성이 있겠지만 살아가면서 겪는 일들이 이렇게도 연결이 되는구나 싶었다.

어릴 때 몽실 언니처럼 생활했던 일들이 슬프지만은 않은 나의 추억이다. 그 때 엄마가 건강해서 동생과의 관계가 다른 친구들과 같았다면 내 아이를 업어주는 일이 쉽지 않았을 것이다. 아마 다른 사람의 도움을 받아 업었거나 아이가 많이 크고 나서야 업어줄 수 있었을 것 같다. 이처럼 지금 힘든 일이 있거나 또 미약한 일이라도 나중에 내 삶에서 큰 도움이 되는 일이 있을지도 모른다. 내 삶의 근육을 만들어가는 과정이라 생각해보면 어떨까? 손가락 근육이 피아노 건반을 기억하듯이 작은 경험도 내 삶의 근육이 탄탄해지는 일이 될지도 모른다.

제 2 장

나에게
육아는
전　쟁
이었다

모든 것이 귀찮다

"아~, 귀찮아."

내가 가장 많이 하는 말이 돼버렸다.

사실 애만 보고 쫓아다니는 것만으로도 내겐 벅찼다. 산후 도우미를 계약한 시간이 끝나고 나니 점점 집은 폭탄 맞은 듯 변했다. 몸을 아끼느라 집안일을 많이 하지 않았다. 그러니 집은 더 엉망이 되었다. 늘 수면부족 상태라서 아이가 잘 때 나도 자야했다. 집안일을 할 수 있는 시간은 아이가 잠을 자는 시간뿐이었지만 나는 잠이 더 우선이었다. 잠을 자지 못해서 예민한 나는 아이에게 예민한 기질이네 뭐네 할 수가 없었다. 연속으로 4시간만 잠을 자보는 게 소원이 되어버릴 정도로 쪽잠을 자야했다. 거기에 눈에 보이는 빨래더미나 설거지거리는 내 신경을 더 거슬리게 만드는 일이었다.

때가 되면 아이는 젖을 먹었지만 나는 밥 먹기도 귀찮았다. 모유수유 때문에 억지로 먹은 날이 많았다. 분유를 먹였다면 밥을 거르는 날도 많았을 것 같다. 겨우 미역국을 끓여서 밥을 말아먹기도 하

여자는 육아로 성장한다

고 식사가 아닌 한 끼 때우는 식의 밥을 먹었다. 손 하나 까딱하기 싫고, 학교에서처럼 급식 판에 밥을 받아먹는 게 그럽기도 했다. 그렇다고 배달 도시락을 시켜 먹자니 돈이 부담스러웠다. 지금 생각하면 '그렇게라도 하지' 싶지만 당시에는 홑벌이로 마이너스 통장에서 생활비를 빼 쓰는 처지라 집에서 도시락을 받아먹는다는 것은 사치였다.

누군가가 도와주면 참 좋겠다는 생각을 많이 했다. 나도 기대고 싶고, 보호를 받고 싶었다. 아이를 낳았지만 아직은 나도 생초보인데 기댈 수 있는 사람이 없었다. 아이를 낳고 친정에 들어간 친구는 엄마가 매끼 밥도 해주고 청소나 빨래 걱정도 안했다. 친정 엄마가 아이도 봐줘서 잠시 쉴 수도 있고, 말동무도 있어서 지루하지도 않아보였다. 친구는 엄마와 붙어있으니 자꾸 싸우게 된다고 그게 스트레스라고도 했지만 '그래도 그게 어디냐, 부럽다'는 생각이 들었다. 친정이 멀면 그러려니 할 텐데, 친정이 가까워 더 그런 생각이 들었다. 가깝지만 사정이 있어 도움이 되지 못하는 것을 이해는 했다. 겉으로는 이해하면서도 속으로는 아쉬웠다. 친정 엄마는 퇴근 후 집에서 바로 쉬지 않으면 다음날 일에 지장을 주니까 도와주지 못했다. 가까운 우리 집에 온 일이 손에 꼽을 정도였다. 겉으로는 "엄마가 옆에 있으면 잔소리하고 싸우게 된다"며 없는 게 낫다고 말하면서도 속으로는 그러지 못했다. 어릴 때부터 항상 혼자서도 잘하는 큰 딸이라고 믿음 받는 것이 이제는 익숙해질 법도 했지만 내면은 그렇지 못했나 보다.

'귀차니즘'이 폭발해서 집이 엉망이 되었다. 아이가 있는 공간은 환기도 시키고 먼지도 제거해야 했다. 내가 아이를 데리고 다른 방에 가 있으면 남편이 청소했다. 긍정적인 성격의 남편은 "청소 좀 안 해도 된다"며 깨끗한 집에 대한 생각을 버리라고 했다. 완벽할 필요도 없고, 최소한의 노력으로도 충분히 살 수 있다고 했다. 하긴 누가 검사하는 것도 아니고 우리가 사는데 불편함만 없으면 됐다. 집에 와서 거들어주는 사람이 없으니 잔소리도 없고 스트레스도 안 받았다.

작년 봄에 정리수납 전문가과정 수업을 들었다. 전문가과정을 하려고 한 것은 아니었지만 실습을 하고 정리수납 전문가 1급까지 따게 됐다. 수업을 듣고 집에 돌아오면 집이 그렇게 지저분할 수가 없었다. 식탁은 겨우 밥만 먹을 정도로 절반 가까이 물건이 쌓여있었고, 옷장에도 입지 않는 옷이 넘쳐났다. 수납공간은 한정되어 있고 넣어 놓은 옷은 많지만 정작 입는 옷은 손에 꼽을 정도였다. 큰마음을 먹고 옷장정리를 시작했다. 50ℓ짜리 봉지 4개가 모두 옷으로 가득 찼다. 재작년 가을쯤에도 4박스 정도를 헌옷 상에게 팔았는데 이번에도 그 정도의 옷을 팔았다. 늘 귀찮아하며 집안 정리를 하지 않고 살다보니 안 입는 옷만 8박스 정도가 나오게 된 것이다. 그동안 아이를 키운다는 핑계로 크게 신경 쓰고 살지 않았다. 놔두면 입겠지 하면서 미련을 못 버린 옷들도 많았다. 지금도 안 입지만 갖고 있는 옷이 남아있다. 내년에 보면 또 배출 1호가 될지도 모른다.

옷을 배출하고 나니 마음이 가벼워졌다. 집도 가벼워진 느낌이다. 그동안 참 무심하게도 살았다는 생각이 들었다. 귀찮다는 말을 앞

세워 무심하게 살았다. 다 내가 필요해서 구입하거나 구해온 것들인데 어느 순간 내 관심 밖으로 나가면서 쓰레기가 되었다. 옷장을 시작으로 화장대, 냉장고, 싱크대, 주방찬장, 화장실 수납장, 베란다 창고까지 하나씩 정리를 했다. 그리고 지금 필요한 것만 남기고 몇 년간 쓰지 않는 물건들을 버렸다. 한때는 필수품이었던 것들이 지금은 그 역할을 다하고 쓰레기가 되었다. 그것들에게 고마웠다 작별인사를 했다. 정리를 하고 물건에게 자리를 잡아주면서 쓰고 난 물건을 제자리에 두는 것이 어렵지 않게 됐다. 쓰고 물건을 다시 자리에 놓기까지 3초의 시간이면 충분하다. 정리수납 수업을 들으면서 결혼전이나 초기에 이런 수업을 알았더라면 얼마나 좋았을까 싶은 생각도 들었다.

'귀차니즘'이 폭발했던 내가 순식간에 변해서 부지런해진 것은 아니다. 여전히 귀찮고, 하기 싫은 일들이 많다. "귀찮다", "귀찮다" 하면서도 움직이게 되는 일은 꼭 해야 하는 일일 경우이다. 아이가 어릴 때도 귀찮다고 집안일을 하기 싫어했지만 꼭 하게 되는 일은 아이와 관련된 일이었다. 최소한의 집안일만 하고 나머지 시간은 아이에게 집중했다. 아이의 요구에 일일이 대꾸하고 맞장구치는 것도 귀찮은 일 중 하나였지만, 그것은 꼭 해야 할 일이었다. 가끔 '혼자서 잘 놀면 얼마나 좋을까?'라는 생각도 했다. 그러다가도 아이가 한참을 혼자 놀고 있으면 괜히 옆에서 지켜보게 된다.

보육교사를 하던 친구 H가 있었다. 그녀는 아이가 장난감을 갖고 놀다가 자리를 뜨면 바로 장난감을 치웠다. 아이는 자리에 돌아왔을 때 깨끗해진 바닥을 보고 다른 장난감을 꺼낸다. 또 아이가 잠시 눈을 돌리면 H는 이미 장난감을 치우고 난 뒤였다. 어린이집에서 일하던 버릇이라 그런다고 하던 그녀의 집은 늘 깨끗했다.

깨끗한 집은 저렇게 유지를 하는 구나 싶어서 나도 집에 돌아와 그렇게 따라 해봤다. 똑같이 아이가 잠시 자리를 비운 사이 갖고 놀던 장난감을 치웠다. 그러니 아이는 아까 그 장난감을 찾고 난리가 났다. 같이 놀려고 다른 장난감을 가지러 간 사이에 엄마가 장난감을 치워버렸으니 심통이 날 수 밖에. 몇 번을 해봐도 우리 아이의 반응은 한결 같았다. '엄마의 귀차니즘을 알고 자주 안 치워도 되게끔 만들어주는구나', 그냥 아이 옆에서 지켜보고만 있자 싶었다.

어린 시절 엄마는 아침, 저녁으로 청소를 했다. 깨끗한 집을 유지해야겠다는 생각은 어릴 때 보고 자란 집안 분위기와 지금 살고 있는 집이 너무 달라서 그랬는지도 모른다. 여전히 친정은 깔끔하고 엄마는 손주들이 유리창에 손자국 내는 것도 싫어하신다. 나는 엄마와 다르다는 것을 인정하고 마음을 내려놓았다. 그랬더니 마음의 여유가 생겼다. 엄마가 집에 오시는 날에는 대청소를 해야 하지만 평소에는 편하게 살고 있다.

여성학자 박혜란 선생님의 『믿는 만큼 자라는 아이들』을 읽다가 "집안이 어질러져 있어야 아이들의 상상력이 자란다"고 말한 부분이 있었다. 괜히 내 귀차니즘의 명분이 생긴 기분이었다. 김미경의 『꿈이 있는 아내는 늙지 않는다』에서도 살림 콤플렉스에서 벗어나라고 한다. 살기에 불편하지만 않으면 된다는 것이다.

가끔은 청소를 안 해도, 설거지를 안 해도 잘못이 아니다. 그 시간에 오히려 아이와 놀아주는 게, 아이 옆에 있어주는 게 더 낫다. 물론 집안일보다 육아가 훨씬 더 힘들고 지치는 일이다. 그래서 옛말에 "밭일 할래? 애 볼래?" 하면 밭일 하러 나간다고 하지 않았나. 나도 크게 공감했다. 나도 차라리 밭일하러 나가겠다고. 그게 이거보단 낫겠다는 생각도 했다.

청소를 일주일에 한두 번만 해도 충분하다. 혹시나 먼지가 쌓여 아이에게 호흡기 질환이 생길까봐 걱정이라면 먼지만 닦아줘도 된다. 한꺼번에 청소를 하려고 생각하면 한없이 귀찮아지는 일이다. 밥을 먹고 나서 물티슈로 식탁 주위만 한번 닦아줘도 그 쪽은 청소가 된 것이다. 양치를 하면서 세면대를 한번 닦아줄 수도 있고, 아이가 쓰고 나온 목욕물로 욕실을 한번 쓸면 욕실청소는 끝이다. 스트레스를 받으면서 모든 것을 잘해야 한다는 강박을 버리자. 내가 가진 에너지를 한 곳에 모아도 잘 할까 말까한 일이 많다. 주부는 마냥 집에서 노는 사람이 아니다. 육아만 하는 것도 힘에 부치고 쉬는 시간도 없는 극한 직업이다. 거기에 집에 있다고 집안일까지 도맡아 하는 것은 보수를 받지도 못하는 초과근무다. 좀 귀찮으면 귀찮아도 된다. 엄마가 체력이 있어야 아이에게도 좋은 영향이 간다. 세세한 집안일을 할 시간에 체력 보충하며 아이가 잠시 떨어져 혼자 놀 때 커피라도 한잔 마시는 게 가정의 평화를 가지고 온다.

해도 해도 끝이 없는 육아

"아무 것도 하기 싫다. 이미 아무것도 안하고 있지만 더 격렬하게 아무것도 안하고 싶다."

한때 유행했던 말이다. 귀차니즘과 무력감을 가진 젊은 세대들이 하는 말이다. 젊은 세대가 아니어도 공감이 가는 건 '아무것도 하지 않고 가만히 있고 싶다'는 마음이 있기 때문이다. 정말 아무 것도 안하고 싶어서.

"밭일을 할래? 애 볼래?"라고 물어본다면 무조건 밭일을 한다고 했을 거다. 누가 애만 좀 봐준다면 당장이라도 직장에 나가서 일을 하고 싶었다. 허나 현실은 개인 매니저에 24시간 대기조이다. 휴일, 휴가도 없는 악랄한 사장님 밑에서 보수를 받지도 못하는 일이다. 사회에서 이랬다면 노동청에 고발이라도 하지, 이건 누구에게 고발할 수도 없는 일이다. 나보다 1년 늦게 아이를 낳은 친구는 자기 아들을 '악마'라고 불렀다. '악마 같은' 것이 아니고 '진짜 악마'란다. 단어 선택에 웃음이 나오기도 했지만 왜 그렇게 불렀는지 안 봐도 비

디오다.

왔다갔다 잘도 노는 아이는 에너지가 넘쳤다. 반면에 아이보다 키만 컸지 엄마인 나는 피곤하고 모든 게 귀찮았다. 움직이는 것도 싫고, 최소한의 일만 하면서 지냈다. 그렇다고 아이를 방치할 수도 없었고, 뭔가를 해야 한다는 생각은 늘 고민하게 만들었다. 친척에게서 받은 오래된 동화책을 읽어줬다. 앉아서 할 수 있는 활동이라 뭐 그 정도는 해줄 수 있을 것 같았다. 금방 읽고 끝난 동화책을 아이는 다시 첫 장으로 돌아가서 "또, 또"라고 말했다. 다시 책을 읽어줬다. 그 이후로 아이는 자기의 성에 찰 때까지 "또, 또"를 연발하며 계속 그 행동을 반복했다. 목에서 쉿소리가 났다. '차라리 놀이터에 나갈까?' 생각하고 놀이터에 데리고 간다. 아이는 이제 걸음을 겨우 걷는데 놀이터에는 너무 큰 아이들이 많았다. 5, 6세 정도 되어 보이는 아이들도 내 아이보다는 '너무 큰' 아이들이었다. 위험했다. 아이들끼리 서로 부딪히고 넘어지는 일도 많았다. 둘이서 '산책이나 해야겠다' 생각하며 아장아장 걷는 아이와 공원으로 나갔다. 몇 분 걸었을까? 이번에는 누가 말을 건다. 아는 사람도 별로 없는 동네에서 아이를 데리고 나가면 말을 거는 사람이 참 많다. 이럴 땐 두 가지 부류이다. 하나는 영아 전집(또는 학습지) 판매원이고 또 하나는 사이비 종교의 포교활동을 하는 사람들이다. 아기를 데리고 빨리 그 자리를 피하지 못해서 한참을 붙잡혀 이야기 들은 적도 많았다. 놀이터에 나가는 것도 공원에 나가는 것도 불편했다.

늦게 걸음을 걷기 시작했지만 걷는 데 재미를 붙인 아이는 밖에 나가자고 졸랐다. 신발을 들고 "바께, 바께"라고 말하며 나가자고 하는데 나갈 곳도 마땅치 않고, 집에만 있기도 답답하긴 마찬가지였다. 근처 비슷한 또래 엄마의 집에 놀러가기도 하고 같이 마트나 백화점 구경을 하면서 시간을 보내기도 했다. 하지만 매번 누구 집에 갈 수도 없고, 나가면 점심이나 간식 등 돈쓰는 일 뿐이라 자주 나갈 수도 없었다. 그저 아이와 함께 아파트 한 바퀴, 시장 한 바퀴 도는 일상이었다.

그래도 다행인 것은 더 이상 벽보고 혼잣말하지 않아도 되는 일이다. 조그만 아이도 사람이라고 갓난 아이 때부터 아이를 보면서 말을 했다. 출산 전에는 낮에 늘 혼자였기 때문에 말을 거의 하지 않았다. 가끔 혼잣말을 하거나 TV를 보면서 중얼거리는 게 일쑤였는데, 아이를 낳고 나니 말동무가 생겨 지루하지 않았다. 눈 마주치며 이야기할 수 있는 유일한 내 친구였다. 요즘 초등학생이 된 첫째아이와 가끔 서로 친구라고 부른다. 아이는 엄마에게 "친구야"라고 부르는 게 참 재미있는지 계속 부른다. "스물일곱 살 많은 친구야"라며 웃음이 터지고, 나도 "왜? 스물일곱 살 적은 친구야"라며 받아친다. 아기 때부터 내 이야기를 들어준 '스물일곱 살 적은 친구'는 점점 더 친구 같아진다.

아이를 낳기 전에 주위 어른들은 "뱃속에 있을 때가 편안하다"고 했다. 편안하긴 하겠지만 나는 다시 넣고 싶진 않다. 이러나저러나 힘든 건 마찬가지니까. 그런데 "뱃속에 있을 때가 편안하다"고만 했지 낳고나서 이렇게 힘이 든다고 말하는 사람은 왜 없었을까? 아이는 하나부터 열, 아니 백가지가 넘게 모두 내 손을 거쳐야 하고 처리해줘야 했다. 나 없으면 안 되는 아이에게 늘 빨리 자립하길 바랐다. 가끔 친정 엄마께선 내게 "지 혼자서 저절로 큰 줄 안다"며 타박하시곤 했는데 그 말이 이제야 무슨 뜻인지 알 것 같다. '엄마도 우리를 다 이렇게 키웠구나' 하는 생각에 괜히 미안해진다.

육아는 '어린 아이를 기른다'는 뜻이다. 그렇다면 육아의 끝은 어디일까? '어린 아이'라는 것은 스무 살 청년이 되기 전까지를 뜻하는 걸까? 아니면 어린이인 6학년 때까지? 그 경계를 정확하게 긋기 애매하다. 나이든 자식을 걱정하는 것도 육아의 일부분인지 아니면 늙은 엄마의 노파심인지 말이다. 아이가 어릴 때만 힘든 것이라고, 아이가 좀 크고 나면 괜찮을 거라고 스스로를 위로했다. 미운 세 살, 네 살 때는 이때만 지나면 좀 낫겠지, 장난끼가 넘치는 여섯 살이 지나면 또 좀 낫겠지 하는 마음으로 한 해, 한 해를 보냈다. 웃긴 것은 그렇게 버티듯 한 해씩 지나면 항상 새로운 일들이 날 힘들게 만든다는 것이다.

갓난 아이 때는 잘 먹고 잘 싸는 일에 집중했다. 모빌을 잘 보는지, 무조건 반사는 있는지(신경에는 문제가 없는지), 똥은 몇 번 싸는지, 수유는 몇 번 하는지 등의 본능적인 것에 신경을 썼다. 임신육아백과를 보면서 몇 달이 지나서 뒤집기를 해야 하는데 안 하네? 어디 문제가 있나? 보통 이쯤 되면 걸어야 된다는데 왜 안 걷지? 하는 걱정과 어린이집을 보냈는데 혼자 노는 것 같을 때, 왜 우리아이는 다른 친구와 안 놀지? 사회성에 문제가 있나? 진득하게 앉아서 책도 읽고 그림도 그러면 좋을 텐데 뛰어 놀기만 하네? 문화센터 수업시간에 가만히 못 앉아있고 계속 돌아다니네, 혹시 우리 아이 'ADHD'인가? 검사를 받아야 하나? 하는 걱정.

걱정은 꼬리에 꼬리를 물었다. 아이가 하나만 있을 때도 힘들었지만 또 하나를 더 낳는 모험을 감행한 후에는 두 가지 이상의 일이 계속 일어났다. 내 삶에 도돌이표를 계속 찍는 느낌이었다. 그래도 두 명은 있어야지, 하면서 낳은 둘째는 출산의 시점부터 과거로 다시 돌아가게 해줬다. 일상도 도돌이표, 아이에 대한 걱정도 도돌이표였다.

끝이 보이지 않는 육아는 지금도 계속 진행되고 있다. 재미있는 것은 나보다 아이를 늦게 낳은 친구들의 이야기가 나와 비슷하다는 것이다. 집집마다 개인마다 육아에 대한 고민이 비슷하고, 그 시기에 누구나 다 하는 걱정이라는 것이다. 아주 일찍 아이를 낳은 친구와 연락이 닿아 통화를 몇 번했다. 그 친구는 20대 초반에 아이를 낳아 첫째가 중학생인데 뒤늦게 막내를 낳았다. 이미 두 명이나 키운 베테랑 엄마이면서도 셋째를 키우면서 어려움을 겪는다고 했다. 물론 첫째나 둘째를 키울 때보다는 능숙하겠지만 육아의 도돌이표는 베테랑 엄마도 피해갈 수 없는 건가보다.

해도 해도 끝나지 않는 집안일처럼 육아도 끝이 없을까? 아니, 나는 있을 거라고 믿는다. 아니, 억지로라도 믿고 싶다. '까꿍이' 엄마들에게는 미안한 말이지만 돌아보니 그 때가 가장 아이와 친했던 시절이다. 그래서 가끔은 그립기도 하다. 밥을 먹으면서 발로 바운서를 밀어줘야하고 눈앞에 없으면 대성통곡을 하는 바람에 화장실도 문

열고 가야했다. 아이들 먼저 먹이느라 매번 식은 밥을 먹어야 했던 그 때는 그저 힘들다고만 생각했다. 아주 오랜만에 따뜻한 음식이 나오자마자 먹었던 날은 남편도 나도 참 행복했다. 그 따뜻한 밥 한 공기로 행복했다. 지금은 오히려 그런 소소한 행복은 없다. 아이들이 혼자도 잘 놀고 엄마가 잠시 없어도 대성통곡하지도 않는다. 노는 아이들 옆에서 책도 읽고 커피도 마신다. 한 가지 불안한 점은 태풍이 오기 전의 바다는 고요하다는 것이다.

지금도 육아는 끝나지 않았다. 몸이 편한 대신, 정신이 힘들어지는 시기가 다가오고 있음을 느낀다. 아이가 3세 때, 그리고 5세 때 힘들었다. 사춘기가 오기전이라고 '일춘기', '이춘기'라고 불렀다. 이제 '삼춘기'를 대비해야 할 때가 온 것 같다. 그 때가 되면 또 힘들다고 육아의 끝은 도대체 어디냐고 외칠 것 같다. 끝난 것 같아도 끝난 게 아니다.

워킹 맘의 비애

'일을 해볼까?'가 아니라 '일을 해야' 했다. 둘째가 돌이 지나고 어린이집 입소를 결정했다. 17개월이 되는 새 학기부터 등원을 시키고 일을 알아보기 시작했다. 물리치료사인 내가 일할 병원을 찾는다는 조건이 있었다. 첫째, 집과 가까운 곳 우선. 둘째, 퇴근시간은 평일 6시, 토요일 최소 오전근무일 것. 셋째, 국공휴일은 휴무일 것. 병원마다 근무시간이 다르지만 주로 자리가 많이 나는 의원급은 토요일에도 근무가 있다. 주말 최소한의 근무를 위해 평일 오후 6시, 토요일 오후 1시에 마치는 곳을 찾았다. 경력단절이 있고, 연차가 많은 아줌마를 환영하는 곳이 잘 없었다. 마음을 내려놓고 이력서만 한 번 넣어본 곳에서 연락이 왔다. 집과 가깝고 근무시간도 내가 원하는 곳이었다.

봄부터 찾던 일자리는 여름이 되어서야 구해졌다. 어린이집 차량 시간을 내 출근시간에 맞게 갑자기 조절하는 게 어려워 직접 데려다 주고 출근해야했다. 내 걸음으로 약 7분 거리에 있는 어린이집은 아

여자는 육아로 성장한다

이 둘을 데리고 가려니 너무 먼 거리였다. 차가 없어 둘째는 업고 첫째는 유모차에 실어 뛰어다녔다. 당연히 출근하기도 전에 온 몸은 땀범벅이 되었고, 출근을 해서야 쉴 수 있었다.

바쁘게 하루를 보내고 6시 퇴근 후 아이를 데리러 가면 미안함과 고마움이 겹쳤다. 아침에는 내 생각대로 움직이지 않는 아이에게 화와 짜증을 있는 대로 내고, 어린이집에 던져놓듯이 출근을 했다. 그렇게 돌아서면 바로 미안하고 감정이 컨트롤 되지 않는 내가 한심했다. 퇴근 후 만난 아이들은 그저 밝았다. 엄마가 데리러 오는 게 차량으로 집에 빨리 가는 것보다 좋단다. 한창 귀여운 만 3세, 만 1세였다.

외식도 하고 배달음식으로 저녁을 먹기도 했지만 대부분은 집밥을 해먹었다. 손이 느려 늦은 저녁을 먹고 치우고 아이들을 씻기면 바로 잘 시간이 됐다. 매번 그렇게 일상을 반복하다보니 아이들과 함께하는 시간을 갖지 못했다. 설거지 할 때 옆에서 말거는 아이에게 "설거지 끝나고 하자"고 말만 하지 설거지가 끝나면 나도 무거운 다리 때문에 쉬고 싶은 마음이 굴뚝같았다. 그런 시간이 길어지다가도 아이가 우선이란 생각이 번쩍 들면 저녁 식사 후 집안일은 잠시 미뤄두고 아이들과 놀았다. 책을 읽어주다 졸기 일쑤였고, 순간순간 짜증이 치밀어 오르는 일이 많았지만 노랑커피 한 잔으로 잠시 숨을 돌리곤 했다. 아이들을 재우면서 내가 먼저 잠이 드는 날이 많았다. 화장도 지우지 못하고 잠이 드는 날은 어김없이 새벽에 잠을 깼다. 새벽 2시, 3시 대중없이 잠을 깨보면 아이들 점심 도시락 식판부터 저녁 식사 설거지거리가 잔뜩 쌓여있었다. 그 시간부터 밀린 집안 일을 했다. 거실과 주방을 정리해두고 나면 동이 틀 무렵이 됐다. 다시 하루가 시작되고 있었다.

작은 의원이라 같은 파트에는 나를 포함해서 두 명이 근무했다. 그중에서 한 명이 빠진다면 일이 돌아가지 않았다. 두 명이서 바쁘게 쳐내야하는 환자들을 혼자서 해내기란 벅차다. 연월차도 잘 쓰지 못하는 곳에서 아이가 갑자기 아파도 쉴 수가 없었다. 아침에 갑자기 대타를 구할 수도 없는 노릇이었다. 감기나 중이염이 와도 가방에 약을 넣어서 어린이집에 보낼 수밖에 없었다. 인터넷 카페에서 아픈 아이를 어린이집에 보낸다고, 다른 아이들에게 전염될까 우려하며 욕하는 엄마들을 많이 봤다. 그 심정 모르는 것은 아니지만 당장 아이를 맡길 곳이 없는 워킹 맘은 어쩔 수가 없다. 어느 날 첫째에게 독감증상이 나타났다. 며칠째 열이 38도를 웃돌고 있었다. 평소 다니던 병원에서는 계속 지켜보자고 하는 중이었는데, 열이 5일이 지나도 떨어지지 않았다. 안 되겠다 싶어서 출근할 때 병원으로 데려왔다. 내가 근무하는 병원 아래층에 있는 내과에서 독감진단을 받고 타미플루를 처방받았다. 아이는 열이 나도 엄마와 함께 있는 시간이 좋은지 연신 헤헤거렸다. 오가는 할아버지 할머니들이 귀엽다 해주시고, 용돈을 주시는 분도 계시니 참 좋았나보다. 그날 남편이 일찍 마치고 아이를 데려갔다. 여건이 좋은 직장에 다니지 못해서 아이에게 더 미안한 순간이었다.

워킹 맘은 아이가 아프나 건강하나 늘 미안하다. 많은 육아서에서 워킹 맘에게 그런 마음 갖지 않아도 된다고 하지만 엄마입장에서는 그렇지 못하다. 직장에서는 아이 핑계를 대는 약한 모습을 보이기 싫었다. 회식을 해도 끝까지 남아서 자리를 채웠고, 갑자기 쉬는 일도 없었다. 다른 어린이집에 비해 워킹 맘 자녀가 많은 어린이집의 도움도 있어 가능한 일이었다. 아이들은 토요일까지 어린이집에 나가야 했고 방학을 해도 어린이집에 가야했다. 함께 나오는 친구들도 있지만 괜히 고생시키는 것 같고, 아이를 맡길 곳 없는 것이 마음을 무겁게 만들었다.

신혼 집 전세금 때문에 대출받은 3천만 원을 다 갚지도 못한 채 집을 사게 됐다. 100% 대출에 빛나는 우리는 서울이나 수도권에 비할 바 못되고, 이 지방 중소도시의 시세보다 적은 금액의 집이지만 억대 대출로 집이 생겼다. 남편 홑벌이로 대출을 갚을 경우 약 20여년을 꼬박 갚아야한다는 계산이 나왔다. 아이들이 커가고 드는 비용을 뺀 순수 계산 결과였다. 집에 있어도 아이와 노른자 같은 시간을 보내지 못하는데 차라리 나가서 일을 하는 게 더 낫겠다는 생각이 들었다.

많은 전문가들이 생후 3년간은 아이를 엄마 품에서 키워야 한다는 3년의 법칙을 말한다. 하지만 그 3년을 참고 견디다 보면 곰이 사람이 되는 일보다 먼저 내가 미쳐버릴 것 같았다. 실제로 내가 24시간 아이와 함께 있어도 정작 아이와 함께 뭔가를 하는 시간은 그리 길지 않았다. 엄마를 찾긴 하지만 무조건 붙어있지도 않았다. 4년 반 동안 일을 쉬면서 일하는 친구들이 부럽기도 했다. 젖먹이 아이를 떼어놓고도 아이를 맡아주는 양가 어른들이 있어 일하는 친구들은 벌써 사회에서도 인정받고 있었다. 사회인으로도, 엄마로도 다 잘하고 있었다. 그에 반해 오직 내 손으로 아이를 키워야 하는 나는 사회로 나갈 날만을 기다리고 있었다.

그렇게 일을 시작했지만 하루 종일 병원에서 진상환자들과 씨름하다 집에 오면 그 화가 아이들에게 갔다. 그런 내 모습을 보는 날은 '내가 뭐하는 짓이지?' 하는 생각이 들었다. 일을 하는 것이 무엇을 위한 일인지 생각해봐야 했다. 돈도 중요하고 내 삶과 커리어도 중요하다. 그리고 그 바탕에는 '우리 가정'을 위한 이유가 깔려있다. 남편과 함께 벌어서 우리 집을 온전히 '우리 것'으로 만들어 우리 가족이 안정된 생활을 할 수 있게 하는 것, 아이들이 그 속에서 잘 커갈 수 있도록 보살펴 주는 것이 목표였다. 그렇게 바라보니 일과 육아의 추를 잘 맞추는 게 참 어려운 과제였다.

보통 가정에서 일하는 아빠보다 일하는 엄마가 더 강한 마음을 먹어야한다. 아빠는 하던 일을 결혼을 해도, 아이가 생겨도 꾸준히 할 수 있다. 반면에 엄마는 아이를 뱃속에 넣고 출산하는 그 모든 일이 마치 폭풍으로 바닷물의 위아래가 섞이듯이 몸이 한 번 바뀌는 큰일이다. 거기에다 사회생활까지 더해지니 굳은 결심을 가지지 않는 이상 약해지기 쉽다.

일을 구하면서 워킹 맘들이 쓴 책을 일부러 많이 찾아봤다. 한 워킹 맘의 경우 가정은 남편과 시어머니에게 맡기고 회사에 올인하여 승승장구했고, 다른 워킹 맘은 아이를 어느 정도 다 키우고 나서야

여자는 육아로 성장한다

일을 시작한 경우도 있었다. 또 다른 워킹 맘은 일과 육아의 균형을 유지하면서 회사에서 악착같이 업무를 다 마치고 집에 와서 아이들에게 올인하는 모습을 보였다. 누구나 치열하게 살지 않았다고 할 순 없지만 내가 가장 바라는 이상형은 세 번째 워킹 맘이었다. 나도 그런 모습의 워킹 맘이 되고 싶었다. 그런 이상형의 워킹 맘을 보면서 많이 배웠다. 나보다 훨씬 열악한 직장에 다니면서도 아이의 공부와 인성 모두 훌륭하게 키워낸 워킹 맘도 많았다.

워킹 맘이 되는 일은 힘든 일이기도 하지만 내가 감당 못할 일은 아니라는 것도 알게 됐다. 일하는 엄마라고 아이에게 미안해하지만 말고 당당해질 필요도 있었다. 아이들에게 엄마, 아빠가 일해서 번 돈으로 우리 가정에 필요한 것을 구입한다는 말도 해주고 너무 피곤할 때는 양해를 구하기도 했다. 가끔 남편이 쉬는 날 아이들과 함께 내가 일하는 병원까지 데려다주면 아이들은 "매일 엄마가 우리를 어린이집에 데려다 주는데 오늘은 우리가 엄마를 병원에 데려다 준다"고 하며 재미있어하고, 퇴근 후 만난 아이들과는 그 어떤 날보다 더 반갑게 인사했다.

그렇게 엄마는 한 뼘 더 성장했다.

이렇게 살아도 되는 걸까?

아주 가끔 친정 엄마가 집에 오시면 수유 티나 편한 복장을 하고 있는 내게 독설을 하셨다. 젖 냄새난다, 자주 씻어라, 수유는 끊을 때가 되지 않았냐고 하시는 게 주 내용이었다. 친정 엄마는 아이 셋을 다 분유로 키워서 모르실 수도 있지만 모유 수유할 땐 당연히 젖 냄새가 난다. 수유 패드로 아무리 흡수를 하고, 매일 샤워하고 씻어도 아이가 한참 젖을 먹는 시기에는 그 특유의 냄새가 날 수 밖에 없다.

늘 아이에게 젖을 물리고 있는 모습이 흡사 '젖소' 같았다. 아이에게 젖을 물리기 위해 지금 살아있는 것 같은 기분. 게다가 남편은 '젖소 부인'이라며 농담을 했다. 그 농담이 얼마나 아픈 말이었는지 내가 앞에서 울지 않아서 아직도 모를 거다. 인터넷 카페에 들어가면 많은 '젖소 엄마'들의 한탄이 섞인 글이 많이 보였다. '다른 엄마들도 똑같이 느끼는 구나' 위로받고 공감했다.

친정 엄마는 분유로 아이 셋을 다 키웠다. 당시 분유를 먹이는 엄마들이 많아지는 시기였고 몸이 약한 엄마는 분유를 선택할 수밖

여자는 육아로 성장한다

에 없었다고 했다. 많은 임신육아교실에서 초유의 중요성을 알려주고 모유수유를 권장했다. 그런 강의를 자주 들은 나도 당연히 모유수유를 준비했다. 임신 8개월 무렵부터 샤워할 때 가슴 마사지를 하며 유선이 잘 뚫릴 수 있도록 했다. '과연 모유수유를 할 수 있을까, 딸은 친정 엄마를 많이 닮는다던데' 하는 생각도 들었다. 출산 후 3일이 지나면서 젖몸살을 하고 모유가 나왔다. 생각보다 양도 많은 것 같았다. 아이에게 모유수유를 하면서 괜히 뿌듯했다. 분유 먹고 자란 엄마도 모유수유를 할 수 있다며 스스로를 대견해했다. 외출 시 최소한의 짐을 들고 나갈 수 있고, 밤에 자다가 분유를 타는 일이 없어서 좋았다. 그에 따른 젖병 소독의 귀찮음이 없고 분유 값을 아낄 수 있는 것도 좋았다.

밥 먹고 아이가 잘 때 같이 쪽잠자고, 간단한 설거지와 정리를 한다. 아이가 깨고 또 수유하고 놀다가 밥 먹고 다시 쪽잠을 자는 일상이 반복됐다. 아이의 일상에 따라 수유하고 또 수유했다. 마치 어미소가 아기 소에게 젖 먹이듯이 내 아이도 나에게 딱 붙어서 자기 배를 채우고 있었다. '나는 누구이고, 여기는 어딘가, 지금 뭐하고 있는 건지, 나는 살아 있는 건가, 이렇게 사는 게 맞나, 난 언제까지 이런 생활을 해야 할까?' 하는 고민이 꼬리에 꼬리를 물었다.

모유 수유를 하는 것 외에도 '이 시기에 아이에게 필요한 것은 무엇일까? 지금은 어떤 자극이 필요한가, 내가 몰라서 못해주는 건 아닐까?' 하는 생각도 많이 들었다. 생후 3개월이 지나고 흑백 모빌을 컬러 모빌로 바꿔달았다. 그리고 그 다음은, 아무것도 몰랐다. 그저 옆에서 책 읽어주고 미리 준비한 초점 책을 보여주는 일밖에 없었다. 초점 책을 보여주면서도 색깔을 말해주고 모양을 말해줬다. 눈을 굴리며 쳐다보는 아이에게 그저 그렇게 혼잣말을 하며 지냈다. 기껏 시간 내서 만들어준 숫자카드는 입에 넣고 빨기 일쑤였고, 책을 보여주다가 잠시 자리를 뜨면 그 책을 뜯어먹고 있는 아이를 말려야했다. 물어볼 곳이 없어서 인터넷 카페에 들어갔다. 영아 지능을 개발해준다는 유아 전집을 사는 엄마들이 많았다. 판매자 겸 영아 놀이 강사들이 집으로 방문해서 아이와 놀아주기도 한단다. 비용은 생각보다 엄청 비쌌다. 분유 값을 아껴볼 거라고 모유수유를 한 나에겐 얼토당토하지도 않은 금액이었다. 책과 교구는 탐이 나는데 금액이 부담됐다. 인터넷을 뒤져 중고로 나온 전집을 정가의 60% 할인된 금액으로 구입했다. 그 때부터 아이에게 그 책과 교구로 놀아줬다. 중고로 사서 둘째까지 쓰고 친한 친구에게 물려줬으니 본전은 다 한 셈이다. 엄마가 혼자서 책과 교구를 사용하다보면 제대로 된 활용을 못한다는 말도 들었지만 꼭 그 사용법대로 써야하는 법은 없다고 생각했다. 교육받지 않은 엄마가 교육받은 강사보다 물론 못할 수 있지만 낯을 많이 가리는 아이를 낯선 선생님에게 밀어 넣고 싶진 않았다. 누가 집에 오는 것이 귀찮아서 그런 것도 있었지만.

모유수유를 하는 아이는 만 5개월이 되면 이유식을 시작한다고 책에서 봤다. 이유식 조리기를 사서 쌀미음부터 준비를 했다. 아이는 한 숟갈도 입에 대지 않았다. 분명 개월 수는 맞는데 아이는 모든 것을 거부했다. 요리도 못하는 내가 아이 이유식이라고 한참을 걸려 만들어도 정작 먹지 않는 아이를 보면 화가 치밀었다. 며칠을 그렇게 안 먹고 버리기를 하다가 이유식을 잠시 중단했다. 그 후로 한 달 더 있다가 다시 시작했다. 한 달 전보다는 훨씬 나았다. 최소량을 줬음에도 반씩 남기고 흘려서 정작 먹는 양은 그리 많지 않았지만 일단 먹었다. 소꿉놀이하는 것 같은 이유식 조리기는 종류도 많았다. 소고기는 일단 절구에 두드려서 그물망에 걸러 내야했다. 소량의 재료라도 드는 시간과 정성은 엄청났다. 1년 뒤 친구 집을 방문했을 때 재료만 넣으면 이유식이 만들어지는 이유식 메이커를 봤다. 또 아는 언니는 배달 이유식을 시켜 먹인다고 했다. 그런 것들은 내가 구석기 시대를 살았나 싶은 생각을 들게 했다.

임신 했을 때는 빨리 낳았으면 좋겠다고 생각했다. 그러나 막상 낳아보니 말 그대로 '멘붕'이다. 출산 후 체중도 빠지고 내 몸이 한결 가벼워질 거라 생각하고 좋아했지만 하루가 다르게 자라는 아이가 내게 딱 붙어있다. 캥거루나 코알라가 연상되는 내 모습이다. 표준 아이들보다 체중이나 키가 약간 밑도는 아이를 보며 모유만 고집해서 그런가 싶었다. 분유를 먹는 아이들은 뱃골도 크고 많이 먹으니 잠도 푹 자고 성장도 빨랐다. 아이가 작고 가볍고 2시간마다 깨고 예민한 것이 모두 내가 잘 못하고 있는 증거로 보였다. 지금이라도 분유로 갈아타야하나, 끝까지 모유를 먹여야하나 고민이 됐다. 이게 맞나? 어떻게 하는 게 옳은가? 늘 고민이 됐다.

1년 정도는 일을 쉬면서 아이는 온전히 내가 키우기로 했다. 첫째 아이가 돌이 지나고 얼마 후 둘째가 생겼다. 자연히 둘째가 돌이 지날 때까지 아이를 키우기로 했다. 주변에 아이를 낳은 친구들은 친정이나 시댁 어른들이 아이를 봐주셔서 사회로 금방 나갔다. 아이는 할머니가 키워줘도 잘 컸고 일하는 엄마들은 다시 아가씨처럼 보였다. 아이를 낳은 친구들은 그렇게 사회로 나가고 결혼하지 않은 친구들은 여전히 아가씨니 나만 혼자 남은 것 같았다. 나는 아이가 온전히 내 세상이 되어 버렸는데, 사회는 나만 빼고 잘 돌아가고 있었다. '이렇게 사는 게 맞는 일인가? 나는 무엇을 보고 살아야하나, 아이만 보고 살면서 도태되는 건 아닌가?' 하는 걱정도 늘어났다.

그저 기다리는 수밖에 없었다. 아이가 잘 커야 내가 사회로 나가는 날도 빨리 올 것 같았다. 아이와 함께 기껏해야 문화센터나 병원, 마트로 나가는 일이 고작이었지만 내게도 일을 할 수 있을 거라는 믿음이 있었다. 반면에 일을 못하게 되면 어쩌나 하는 무서움도 들었다. 양가의 감정이 오락가락했다. 어쨌거나 경력단절여성이 되어버린 애 딸린 아줌마가 된 것이다. 애써 '친구들보다 일찍 아이를 낳았으니 나이 들어서 편할 거야'라는 위로를 했다. 매번 마이너스 통장에서 빼 쓰는 생활비, 매달 갚아나가는 대출이자는 그런 위로도 소용이 없었다. 내가 좋은 직장에 다니지 못해서 육아휴직을 받지 못하는 것도, 아이를 맡길 수 있는 친정이 아닌 것도 괴로웠다. 점점 자존감은 바닥을 향해가고 아이보다도 나의 자존감 회복이 필요했다.

친구들이나 인터넷 카페에서 대화를 주고받는 사이에서 늘 빠지지 않는 것이 '불행 배틀'이다.

"내가 형편이 더 안 좋아. 남편이 못해줘, 아이는 말도 안 듣고"라며 계속 자신을 끌어내린다. 상대방에 대한 배려라고 생각했다. 위로 해준다고 했던 말이 돌아서보면 나를 한없이 비하하고 있다는 느낌도 받았다. 한창 아이들을 키우면서 소소한 재미였던 이벤트 응모가 있었다. 한 육아사이트에서 서평 이벤트를 열면 항상 응모를 했고 자주 당첨이 됐다. 그 중 르네 피터슨 트뤼도의 『힐링 맘』이라는 엄마의 치유를 위한 책이 있었다. 외국 저자의 책은 공감이 잘 되지 않아서 즐겨 읽는 편은 아니었는데, 서평 이벤트로 받은 책이라 일단 읽었다. 독자가 직접 작성하는 부분이 많은 책이었는데 책을 깨끗하게 읽던 내가 웬일인지 직접 쓰면서 읽었다. 처음 한 꼭지만 그렇게 읽고 나니 마음이 편안해졌다. 그 책의 제목처럼 마지막 장을 덮고 나서는 힐링이 되었다.

행복했다. 더 이상 나를 자책하거나 불행하다 여기지 않았다. 여전히 상대방의 말을 듣고 위로와 공감을 해주고 있지만 불행이 아닌 현실을 인정한 말만 해준다. 오지도 않은 미래를 걱정하거나 두려워하지도 않게 됐다. 그 시간에 현재를 더 알차게 살아야겠다는 생각을 하게 됐다. 아이를 키우는 일도, 내가 발전하는 일도 '지금'을 잘 살아가는 것이 내일을 위한 가장 중요한 대비책이라고 그제야 느꼈다.

기 싸움

엄마와 아이 사이에도 기 싸움이 있단다. 또 엄마가 아이에게 기 싸움에서 지면 아이에게 끌려 다니게 된단다. 싸움을 싫어하는 평화주의자인 내가 아이와 기 싸움을 한다? 그게 어떻게 일어나는지, 어떤 과정을 겪어야하는지 또 무엇이 기 싸움인지 알 수 없었다. 원하는 것을 모두 들어주는 것? 아니면 아이의 감정, 행동을 존중해주는 배려육아와 무엇이 다른 것인지 도통 감을 잡을 수 없었다.

어느 날, 아이가 울음이 터졌다. 무엇 때문에 그랬는지는 지금도 잘 모르겠다. 그저 기억나는 것은 식탁 밑에서 아이는 주저앉아 계속 울고 있었고, 나도 화가 많이 나있었다는 것이다. 이것도, 저것도 아니라는 아이. 한참동안 실랑이를 했다. 너무 화가 나서 아이를 던지고 싶었다. 또 '상상학대'가 시작되는 순간이었다. '참을 인(忍)자가 세 번이면 살인을 면한다'고 하는데 나는 도대체 '참을 인'을 몇 번이나 외우고 있는지 모르겠다. 아이는 울음으로만 표현이 가능하고 감정이 격해져서 통제가 불가능했다. 계속 지켜보고 있으려니 아이를

여자는 육아로 성장한다

때릴 것만 같아서 내가 후퇴해야했다. 아이는 목이 쉬도록 울고 있는데 애써 외면하며 커피 물을 끓였다. 커피를 한 잔 타서 안방 문을 닫고 들어갔다. 뜨거운 커피 한 잔을 다 마실 때까지 방에 있었다. 문 밖에서는 문 닫고 들어간 엄마를 향해 아이는 더 크게 울고 있었다. 창문을 열었다. 바깥 풍경을 보면서 아이의 울음소리를 들으며 커피를 마시고 마음을 진정시키고 나갔다.

망부석처럼 한 자세로 앉아 울고 있는 아이는 너무 많이 울어서 목이 쉬었다. 일단 안아줬다. 그 전에 무엇으로 그렇게 실랑이를 했는지 기억나지 않았다. 모르겠다. 그저 지금은 안고 달래주는 것뿐이다. 문득 책에서 읽은 마음읽기가 생각났다. "많이 속상했구나" 하고 토닥여줬다. 점점 울음이 그쳐갔다. 30분 넘게 울며 에너지를 다 쏟아서 그런지 흐느끼며 곧 잠이 들었다.

'이런 게 기 싸움인가?', '누가 이긴 거지? 내가졌나?', '이기고 지는 게 아이의 고집을 꺾는 일인가?', '아이는 자라면서 점점 자기주장을 할 텐데 아이의 고집을 꺾는 일이 엄마가 이기는 일일까?' 알 수 없었다. 아이가 생떼를 쓸 땐 얼토당토하지 않는 일은 설명을 해줬다. 그래도 안 되면 다른 관심거리를 가지고 와서 살살 달랬다. 아마 그래도 안 되던 일이 아이가 이렇게 고집스레 울었던 일이지 않았을까 추측해본다.

얼마 전 아이가 내게 물었다.

"엄마의 엄마는 어땠어? 좋은 엄마였어? 나쁜 엄마였어?"

"음, 무서운 엄마였어."

그랬다. 내 기억속의 엄마는 늘 무서웠다. 좋지만 무서운 엄마였다. 한 번도 내 주장을 고집한 적이 없었다. 엄마가 옷을 사오면 무조건 입어야 했고, 하지 말라는 것은 하지 않았다. 외출하는 엄마가 청소를 시키면 엄마가 돌아오실 때까지 해놓고, 밥을 해놓고 학원가라는 말에 학원 시간이 촉박해 압력밥솥의 김을 빼다가 손에 화상을 입어도 내색하지 않았다. 커가면서 점점 내가 엄마에게 일부러 져준다는 생각을 했다. 엄마의 입장을 이해하고 자기 고집이 있는 동생들도 있는데 나까지 내 고집을 피우면 엄마가 힘들겠다는 생각을 했다. 착한 건지 엄마의 사랑을 독차지 하고 싶었던 약삭함인지 모르겠다. 아니면 두 가지 모두 해당되는 건지.

이제는 자식에게도 일부러 져주고 있다. 함께 놀이를 할 때도 일부러 실수하고 져준다. 아이들은 "엄마는 어른인데도 그것도 못해"라며 깔깔대고 좋아한다. 속으로 "이 놈들아, 아니거든!"이라고 외치지만 아이들이 좋으면 나도 좋다. 대신 버릇없는 행동이나 위험한 일에 대해서는 단호한 편이다. 아이들이 아빠가 너무 편한 나머지 아빠에게 계속 함부로 대한 적이 있었다. 아빠가 마치 과자맨인 양 퇴근길에 맛있는 먹거리를 사오지 않았다며 화를 내고 투정을 부렸다. 방으로 데리고 들어가서 엄청 혼냈다. 그 이후로 몇 번 더 그런 훈계를 듣고 나서야 아이들은 좀 나아졌다.

오은영 박사는 아이의 안전에 관한 것이라면 무조건 단호하게 말해야 한다고 한다. SBS '우리 아이가 달라졌어요'라는 유명한 프로그램에 전문가로 나오면서 아이의 훈육법을 알려줬다. 오은영 박사 특유의 "안 돼"라는 말은 아이들에게 특효약이다. 나도 그것을 보면서 오은영 박사 같은 단호한 "안 돼"를 구사하려 노력했다. 생떼를 쓰는 아이를 온 몸으로 잡고 아이가 진정될 때까지 기다리는 방법도 둘째 아이 때부터 해봤다. 아이는 의외로 쉽게 진정이 됐고 되는 것과 안 되는 것의 구분도 수월하게 알게 됐다. 첫째 아이 때는 아무 것도 모르고 방치하는 수준이었다면 둘째 아이 때는 그래도 좀 배워서 더 나은 육아가 된 것 같다.

아이에게 이긴다는 것이 무슨 의미가 있을까? 내 뜻대로 아이를 휘두를 수 있는 것이 누구에게 좋은 일일까? 또 아이에게 진다는 것은 아이의 뜻만 다 들어준다는 것일까? 엄마가 아이에게 끌려 다닌다는 것이 엄마가 아이에게 졌다는 뜻일까?

기 싸움과 배려는 한 끗 차인인 것 같다. 서로 원하는 것을 주장하게 되면 그것이 기 싸움이 되는 것이고, 양보하면 배려가 되는 것이다. 엄마는 아이의 주장을 받아들여 배려해주고 있는데 주위 사람들이 말한다. "저 엄마 애한테 졌다 졌어." 실제로 엄마가 아이한테 졌을까? 아이는 그렇게 자라면서 버릇없이 자라게 될까? 마치 중국의 소황제처럼?

아이가 아무것도 모르는 존재라고 여기게 되면 엄마는 아이를 조종하려 든다. 하지만 아이도 나름의 생각이 있는 존재이다. 대부분 순수함과 본능, 호기심 같은 어디로 튈지 모르는 행동들이라 그것이 많이 사라진 우리가 볼 땐 아무것도 아닌 것 같지만 말이다.

꼭두각시 인형 피노키오가 있다. 피노키오는 제페토 할아버지가 만든 작은 목각 인형에 불과하다. 어느 날 요정이 피노키오에게 생명을 불어넣어주고 피노키오는 스스로 움직일 수 있게 된다. 피노키오는 스스로 움직이고 생각한다. 나쁜 사람들의 속임수에 넘어가서 힘든 일을 겪기도 했지만 할아버지를 생각하는 마음은 여느 사람과도 같다.

피노키오는 진정한 사람이 되기 전에도 스스로 움직이고 생각을 했다. 물론 동화속의 인물이지만 작은 목각 인형인 피노키오도 스스로 행동하고 생각했다. 하물며 진짜 사람인 아이들은 어떨까? 우리 뇌에 망각 기능이 없어 어릴 때부터의 모든 것을 기억할 수 있다면 지금 시원하게 말할 수 있었을 것 같다. 그 당시 아이도 나름의 생각이 있는 존재라고.

세상을 배워가는 단계인 어린 아이들은 당연히 모르는 게 많다. 그 아이들이 생각하고 행동할 기회를 뺏는 것은 피노키오를 그저 목각 인형으로만 놔두는 것과 같다. 피노키오가 그저 인형에 불과 했다면 학교를 가지 않고 이상한 여행에 따라가지도 않았을 테고 고래 뱃속에서 할아버지를 만나고 진짜 사람이 되는 일도 없었을 것이다.

아이에게 무조건 이기려 들지 않게 조심하자. 나는 아직도 배려와 허용을 넘나들며 기준을 잡으려고 노력중이다. 무서운 엄마보다는 친구 같은 엄마가 되고 싶고, 기 싸움에서 이기기보다는 그냥 져주고 싶다. 피노키오를 만들어준 제페토 할아버지가 결정적인 순간에 피노키오를 반성하게 만들어준 것처럼 나도 아이에게 그런 엄마이고 싶다.

여자는 육아로 성장한다

둘째,
우리 집 2차 대전의 시작

둘째가 태어났다. 동생이 생기는 것은 조강지처가 첩을 맞이하는 것과 같다고 한다. 세상이 무너지는 것 같은 마음이 들겠지만 지켜보는 부모는 그저 잘 지내주기만을 바랄 뿐이다.

첫째에게 설명하고 부탁했다. 처음에는 동생을 귀여워하고 엄마가 하는 일을 그대로 따라하려고 했다. 감기든 동생의 콧물을 직접 빼주려고 하고, 유축 해놓은 모유를 먹인다고 젖병을 동생 입에 넣어주기도 했다. 대신 양보할 수 없는 것은 자기 소유의 물건들이었다. 바닥 생활이 힘들어서 아기침대를 쓰고 있었다. 첫째가 쓰던 아기침대를 동생에게 물려주고 "엄마, 아빠랑 같은 침대에서 잘래?" 하고 물어봐도 아이는 싫단다. 갈 곳 잃은 둘째는 폭이 넓은 소파에도 갔다가 바닥에도 갔다가 어른 침대에서도 자기도 했다. 갓난아이를 안전하게 돌보려면 아기 침대가 제일 좋은데, 좁은 방에 아기 침대를 두 개 놓을 수도 없었다. 첫째가 어린이집에 등원을 하면 그제야 둘째는 아기침대에서 잠을 잘 수 있었다. 대신 첫째가 하원 하는 시간까지만 그것도 가능했다.

둘째가 6개월이 될 때까지 첫째 위주의 생활을 하는 것이 첫째 아이에게 상실감을 주지 않고 질투를 덜 느끼게 해준다는 말을 들었다. 그래서 둘째가 태어나도 첫째 위주로 생활을 했다. 아직 첫째도 어린 아이이기 때문에 그래야 할 것 같았다. 다행히 둘째는 온순했다. 둘째 아이가 울어도 첫째와 놀고 있을 때는 바로 달려가지 않았다. 첫째에게 물어보고 허락을 받고 나서야 둘째를 달래줄 수 있었다. 어느 날 첫째가 동생에게 자신의 침대에 같이 눕자고 옆을 허락했을 때는 감동까지 받았다. 엄마가 동생을 안고 사진을 찍는 일도 허락받지 않으면 할 수가 없었다. 겨우 둘째와 둘이 함께 찍을 수 있었던 것은 둘째가 백일 무렵이었다.

어린 둘째가 울어도 금방 달려가지 않고 첫째의 곁에 있는 우리를 보고 주위 어른들은 뭐라 한마디씩 하셨다. 첫째만 오냐오냐 한다며 타박도 주셨다. 하지만 내 생각에는 첫째가 동생을 받아들이는 시간이 필요해 보였다. 전문가들이 말한 6개월이 걸릴지 아닐지는 모르겠지만 어쨌든 시간이 필요했다. 5월생인 나는 5세가 되던 해 10월 동생을 맞았다. 네 돌이 지나도 동생이 태어나니 질투를 했단다. 그에 반해 '23개월 차이가 나는 우리 첫째는 오죽할까?' 그렇게 생각하며 첫째가 둘째를 인정하는 시간을 기다렸다.

남편이 거실에 누워있었다. 아빠 다리 사이로 기어들어가는 동생을 보고 첫째가 "아빠 내꺼야!"라며 아빠 다리를 차지하려고 한다. 둘째는 영문도 모른 채 첫째의 일방적인 밀어내기에 당하고만 만다.

이제는 쓰지 않는 '쏘서'나 '보행기'도 동생을 태우기 전에 먼저 와서 차지하고 앉아야 했다. 언제까지 기다려 줘야하나 답답하기도 했다. 첫째의 성격이 나빠질까봐 우려되는 부분도 있었다. 동생과 엄마, 아빠가 함께 있는 것을 지켜보고 그 자리에 자신이 빠지지 않으려 했다. 동생이 클수록 자신의 자리를 더 지키려고 노력하는 것이 눈에 보였다. 가정의 평화가 오기 위해서는 첫째의 양보가 필요했다. 부모의 입장에서는 아이 둘 다 소중하니 상대적으로 더 어린 둘째를 보호하려는 행동도 불쑥 나왔다. 둘째에게는 첫째에 밀려 뺏기고 늦게 자신의 차례가 돌아가는 것이 미안했고, 첫째는 그런 동생에게 자꾸 이기려고 하는 행동이 보여 안쓰러웠다.

첫째 아이에게 계속 설명해야했다. "동생 기저귀 갈 건데 도와줄래?"라며 기저귀를 갖다 주거나 물티슈를 뽑아주는 일을 하게 했다. 첫째는 흔쾌히 도와주고 고맙다는 말을 들으며 뿌듯해했다. 식사를 할 때도 첫째에게 "동생 여기에 좀 데리고 와도 돼?"라고 먼저 허락을 구했다. 그리고 식탁 아래에 흔들침대를 갖다 놓고 동생을 눕혀 났다. 첫째의 식사를 도와주면서 발로는 둘째가 타고 있는 흔들침대를 밀어 주며 둘 사이를 왔다 갔다 했다. 첫째가 다른 곳을 보고 있을 때 밑에 있는 둘째와도 눈을 마주치며 아이를 안심시켜야했다. 첫째는 그렇게 동생을 조금씩 받아들이고 있었다.

먼저 태어났다는 이유로 맏이에게 양보를 강요하는 어른들이 많다. 몇 개월 차이 나지 않지만 '먼저' 태어났다고 양보를 하게끔 시킨다. 아이들이 함께 놀다보면 각자 갖고 놀고 싶은 장난감이 있고, 그

것이 중복되는 경우도 많다. 똑같은 장난감을 두고 실랑이를 벌일 때 주로 양보하게 되는 쪽은 큰 아이 쪽이다. 아이의 나이가 더 많든 적든 그 장난감을 갖고 놀고 싶은 마음은 똑같다. 단지 그것을 나이가 좀 많다고, 조금 더 빨리 태어났다는 이유로 양보를 강요하는 것은 뭔가 납득이 잘 가지 않는다. 나도 첫째로 태어나서 양보를 많이 하며 자라서 그런지 내 첫째 아이에게 무조건 양보를 강요하는 모습은 부당하다 여겨진다.

어느 날, '막내 출신'인 남편이 아이 둘을 중재하고 있었다. 첫째가 먼저 갖고 있던 물건을 둘째가 탐냈고, 남편은 첫째더러 동생에게 양보하라고 하는 중이었다. 나는 그 모습을 보고 그건 부당한 일이라고 말했다. 왜 동생이 갖고 싶다면 큰 애가 무조건 양보해야 하냐고. 큰 아이가 충분히 다 가지고 놀고 나서 마음의 여유가 생기면 동생에게 양보할 순 있지만 그건 충분히 큰 아이의 권한이라고 했다. 그리고 둘째에게도 말해줬다.

"누나한테 무조건 달라고 하기 전에 '그거 나 갖고 놀아도 돼?'라고 물어보고, 누나가 '안 된다'라고 하면 안 되는 거야. 누나물건이니까 누나가 허락해야 돼. 누나도 아직 더 갖고 놀고 싶어 하니까 누나가 다 갖고 놀 때까지 기다려야 되는 거야."

그렇게 말하고 나니 아군이 생긴 첫째는 나를 쓱 쳐다보면서 미소를 짓고 있었다. 첫째에게도 "다 갖고 놀고 나면 동생한테 양보해 줄 수 있니?" 하고 물으니 흔쾌히 그렇단다.

첫째는 어려도 먼저 태어난 아이라서 그런지 내가 의지하는 부분도 생긴다. 두 아이를 어린이집에 보낼 때도 동생을 좀 챙기라며 부탁하는 것도 첫째였다. 당시 첫째도 정작 만 4세였지만 졸업할 때까지 동생을 데리고 다녔다. 같은 여자로서 점점 공통점이 많아지는 첫째 딸은 일상의 이야기를 나누는 좋은 이야기 동무이기도 하다. 반면에 둘째는 누나가 하는 것을 보고 자라니 또래보다 빠른 문화를 익혀나갔다. 눈치도 빠르고 누나의 어깨너머로 배우는 것도 많았다. 직접 가르치지 않아도 알고 있는 것이 많아 우리를 놀라게 만들기도 했다.

아이가 더 있었다면 여기서 또 다른 형제자매관계가 형성됐을 거다. 각기 다른 아이들의 모습을 인정하고 각자 다르게 적용하는 일이 쉽지만은 않다. 똑같이 밥을 먹어도 한명은 천천히, 한명은 빠르게 먹는 것처럼 모두 다르다. 항상 같이 있기 때문에 쉽게 비교하고 경쟁하는 관계가 된다. 싸움을 중재하거나 우열을 가려달라고 요청할 때는 참 난감하기도 하다.

아이들에게 자주 "이 세상에서 피를 나눈 형제가 너희 둘 밖에 없으니 잘 지내야 한다"고 말해준다. 밖에 나가서 나의 편이 되어주는 형제가 하나라도 있다는 것이 고마운 일이라며 각자의 존재를 부각시켜준다. 아이들은 커가면서 친구처럼 잘 놀다가도 또 많이 싸우기도 한다. 점점 힘이 세지는 둘째가 누나에게 대드는 일도 많아지고 목소리도 커진다. 이제는 동생이라고 밀리고 소외되는 일이 없어지고 있다.

형제자매의 관계에서 "도를 넘지 않는 갈등은 건전하다"고 『부모잠

언』의 저자 리처드 템플러는 말했다. 아이들은 자신들의 갈등을 스스로 해결해나가는 삶의 중요한 기술을 배우고 있는 것이라고 한다. 폭력이 발생한 경우가 아니라면 부모는 지켜보고 있으라 한다. 어릴 때는 동생들의 싸움을 중재하다가 이제는 내 아이들의 싸움을 중재하고 있다. 두 경우에서 공통적으로 힘든 점은 잘잘못을 따지는 것보다 각자의 이야기를 충분히 들어주는 것이다. 솔로몬의 지혜가 필요한 순간이다.

때로는 '아이가 하나라면 참 잘 키웠을 텐데'라는 생각도 했다. 첫째 아이가 동생에게 질투심을 느끼고 자기 것이라 고집부리는 일이 쉽게 감당하기 힘들었다. '터울을 더 두고 동생을 낳지 못해서 그런가?' 하는 생각도 했다. 현실은 23개월 터울의 남매가 눈앞에 있다. 둘에게 골고루 사랑을 주려고 지혜를 짜내야 했다. 힘들다고 생각하니 한없이 가라앉는 육아에 한 명을 더 얹었더니 어떻게든 가라앉지 않으려고 발버둥을 쳤다. 아이 하나만 있을 때는 그대로 힘들다고, 둘이 있으니 더 힘들다고 투정부리기만 할 순 없었다. 더 엄마의 길로, 육아의 길로 한걸음 들어왔다. 아직도 전쟁은 진행 중이지만 휴전과 재발을 왔다 갔다 한다. 언젠가는 우리 집에도 전쟁의 끝과 평화의 꽃이 피는 날이 올 거라 믿는다. 그 날을 위해 엄마는 지혜로 무장하려 오늘도 애쓰고 있다.

여자는 육아로 성장한다

체력의 한계

어릴 때부터 약했다. "놀러 갔다 올게" 하고 나가서 잠시 있으면 곧 울음을 터뜨리며 다시 돌아왔다고 했다. 나가면서 넘어진 것이다.

아픈 곳도 많았다. 내가 가진 근골격계 질환만 해도 10가지가 넘었다. 어릴 때 다친 곳도 있고 일을 하면서 반복된 동작으로 인해 나빠진 곳도 있다. 아이를 얻었지만 아픈 곳도 덤으로 더 얻었다. 임신 중 무거워진 몸과 출산 후 아이를 안고, 업고 다니느라 발바닥의 족저근막염이 재발했다. 다쳤던 손목은 늘 보호대를 하고 있어야 했다. 잠이 부족해 연신 하품을 해대느라 턱관절이 자주 빠졌고, 아이를 안고 수유하느라 어깨도 아팠다. 앉았다 일어서기를 자주하면서 무릎도 뻐근했다.

수유 때문인지 등이 뻐근했다. 만져보면 근육이 뭉쳐 있었다. 마사지를 받고 싶지만 여건이 되지 않았다. 남편이 퇴근하기를 기다리는 수밖에 없었다. 또 언젠가부터 온 몸이 가렵기 시작했다. 벌겋게 올라오는 피부가 심해져 근처 한의원으로 갔다. 아이 낳고 수유하느라

면역력이 떨어져서 그렇단다. 한약을 먹고 급한 불을 껐다.

　많이 아플 때는 서글프고, 힘들고, 더 지친다. 힘을 내보지만 몸이 아프면 의욕이 사라지고 짜증이 샘솟는다. 몸만 아픈 것으로 끝나지 않고 정신도 지배당하는 듯 했다. 통증이 없을 때는 잘 느끼지 못하다가 통증이 생기면 그것에 집중하게 되고 '또 아프냐' 하는 생각에 우울해진다. 남들은 아이를 낳아도 다들 건강하던데 약한 몸으로 태어난 것이 속상하다.

　손가락과 손목이 많이 아파 아이를 업고 친구가 근무하는 병원으로 갔다. 직원들의 배려로 아이를 내려놓고 검사를 하고 치료를 받았다. 마지막에는 결국 아이를 업고 치료를 끝냈다. 병원이 가까워도 아이 때문에 자주 치료받지 못해서 우울했다. 어느 날, 유모차를 밀고 가다가 골반이 뜨끔하고 아팠다. 걸을 수 없을 정도로 통증이 왔다. 잠시 멈춰 서서 통증이 가라앉기를 기다렸지만 유모차에 의지해서 집까지 와야 했다. 허리와 다리가 함께 아프면서 힘들었다. 집에선 전기 핫 팩으로 찜질만 가능했다. 모유수유 때문에 파스 한 장 붙이는 것도 조심스러웠다.

　운동을 하고 싶었다. 간단한 스트레칭을 하고 있었지만 성에 차지 않았다. 운동 부족이 연속된 통증으로 나타나는 것 같았다. 집에 있는 자전거를 타고 있으면 아이가 잡고 올라오려 하고 스트레칭을 하고 있으면 와서 엄마를 붙잡는다. 내 시간이 필요했다. 찾아보니 집 근처 백화점 문화센터의 필라테스 강좌가 평일 저녁에 있었다. 일주일에 한 번 남편에게 그 시간 전까지 귀가를 부탁했다. 남편이 오면 나는 바로 문화센터 수업을 들으러 갈 수 있었다. 혹시나 아이와 남편의 불만이 생길까봐 외출 전 저녁도 든든하게 먹여주고 젖먹이의 배도 필히 불려놨다. 한 시간 반의 수업시간은 유일한 탈출이고 나만의 시간이 됐다. 모처럼 아이 없이 혼자 외출하는 시간은 내게 황금과도 같았다. 백화점까지 5분 남짓 걸리는 시간도, 언제나 아이와 함께 다니던 그 길도 새롭게 느껴졌다.

필라테스 강좌를 3학기 연속으로 들었다. 그것은 아이를 키우면서 늘 긴장하고 뻣뻣한 몸을 개운하게 만들었다. 운동을 하고 오면 기분까지 좋아지고 한 시간 반의 내 시간을 통해 가족들에게 좋은 기운을 전할 수 있었다. 배운 운동을 집에서도 종종 했다. 아이가 놀 때 옆에서 스트레칭을 하고 호흡을 했다. 아이를 위해 마련한 놀이방 매트는 나를 위한 매트가 됐다.

병원에 일할 때 물리치료를 받으러 오는 젊은 엄마들이 많았다. 대부분 손목이나 허리, 어깨부위의 통증을 호소했다. 그녀들을 보면서 다른 환자들보다 더 잘해주고 싶었다. 다 나아서 치료를 받으러 오지 않는 게 아니라는 것을 알기에 한 번 오는 날에도 마음을 다해 치료를 해주었다. 집에서도 할 수 있는 간단한 스트레칭이나 찜질법 정도만 알려줘도 고마워했다. 아이 돌보기가 얼마나 힘든지 그 마음을 공감해주는 것도 내가 해줄 수 있는 일이었다. 같은 엄마로서 동질감과 육아 스트레스는 말하지 않아도 느껴졌다.

가끔 내가 너무 아파서 누워있을 때가 있다. 그럴 때는 나도 마음이 불편하고 나를 보는 가족들도 걱정이다. 남편이 퇴근 후 아이 둘을 돌보는 것이 마음에 쓰이고 아이들도 엄마를 찾는다. 내가 건강해야 가정도 밝고 건강할 수 있다는 것을 참 많이 느낀다. 또 내가 건강해야 아이가 아파도 돌봐줄 수 있다. 가정의 평화를 유지하기 위해서라도 엄마가 건강해야 한다. 더 내가 운동하고 몸을 아껴야하는 이유이다.

타고나기를 유연성이 떨어지는 몸이다. 학창시절 체력검사 때도 유연성 테스트에 겨우 통과할 수 있을 정도였다. 친구들은 다 가능한 웨이브도 내가 하면 몸짓에 불과하다. 보는 친구들에게 즐거움을 선사해주는 몸짓이다. 선천성 사경을 가지고 태어나 수술을 했지만 아직도 목의 좌우 회전이나 굴곡의 차이가 난다. 대학시절 수업을 들을 때 자주 앞에 나가 실험대상이 되었다. 환자를 멀리서 찾을 필요가 없던 것이다. 몸을 배우는 과에 들어간 덕분에 내가 내 몸을 이해하는데 도움이 됐다.

첫째 아이는 발레를 약 1년간 배웠다. 내가 어릴 때는 피아노, 태권도가 저학년 예체능의 기본이었다면 요즘은 거기에 발레도 포함되는 것 같다. 자세교정과 굳은 몸을 풀어주는 운동으로 많은 아이들이 하고 있다. 아이는 발레수업에서 배운 동작을 보여주며 엄마도 해보라고 했다. 엎드린 자세에서 머리와 발이 맞닿아야 하는 것인데 나는 그냥 디귿자(ㄷ) 모양이다. 이제는 보는 아이들이 즐거워한다. 내 몸은 주변사람들에게 웃음을 주는데 그 역할이 있나보다.

근골격계 질환이 많아지면서 점점 날씨도 예측이 가능하다. 몸이 괜스레 무겁고 시리거나 아픈 날이 있다. 아무 이유 없이 그렇게 아프다보면 그 다음날 비가 온다. 차라리 비 한 방울이라도 오는 날에는 아프지 않은데 비가 오기 전까지의 날씨가 몸을 힘들게 한다. 몸과 날씨의 기압차이 때문이라는 것을 환자들에게 말해주면서도 나 역시 그것을 느끼고 있다. 이제는 남부지방에 사는 내가 중부지방의 날씨까지 가늠한다. 우리지역의 날씨는 맑은데 몸이 유난히 무거운 날이 있었다. 일기예보를 보니 그 다음날 중부지방에 비가 온단다. 농담 삼아 남편이 "기상청에 취직을 하는 게 어때?"라며 슈퍼컴퓨터보다 나을 것이란다. 흐리고 비가 오는 날을 정확하게 알아맞히니 나도 이런 몸이 신기하다. 나이든 어르신들은 젊은 내가 그렇다고 하면 "쯧쯧쯧, 벌써부터 그러면 우짜노"라는 타박을 한다. 당신들보다 힘든 세대도 아니고 논밭을 맨 것도 아닌데 아프다며 혀를 차는 것이다. 그런 말을 들을 때면 속상하다. 내가 아프고 싶어서 아픈 것도 아닌데 말이다.

건강하던 여자도 임신과 출산, 육아를 통해서 몸의 여러 군데가 망가진다. 잠시 아팠다가 회복되는 경우도 있고 그렇지 않은 경우도 있다. 건강체질인 사람은 회복이 잘 될 것이지만 나처럼 허약체질인 경우에는 회복이 힘들 수도 있다.

내가 열 군데가 넘는 근골격계 질환을 가지고 있다 보니 이제는 안 아픈 곳을 찾아본다. 다행인 것은 아프지 않은 곳이 그래도 많다는 것이다. 양쪽이 모두 아프지 않아서 다행이고 건측을 이용할 수 있어서 다행이다. 근골격계만 자주, 많이 아프지만 속병이 없는 것도 감사한 일이다. 가끔 역류성 식도염 때문에 병원을 찾기도 하지만 조금만 신경 쓰면 괜찮아진다.

육아 스트레스가 아픈 곳과 함께 와서 우울한 날이 많았다. 육아 때문에 힘든데 몸까지 아프고 끝이 정해지지 않은 육아는 더 스트레스를 받게 했다. '육아→스트레스→통증→스트레스→우울증→히스테리→아이'로 이어지는 악순환의 연결고리이다. 결국은 그 모든 스트레스가 아이에게로 향하게 된다. 아무것도 모르는 아이는 엄마가 아픈지 안 아픈지 신경써주지도 않는다. 아프다는 이야기를 들어주는 사람이 있어도 내 통증을 나눠가질 수는 없다. 그저 혼자 감당해야 하는 외로운 일이다. 그나마 필라테스를 배우면서 내 시간을 가질 수 있던 것이 큰 힘이었다. 일주일에 겨우 한 시간 반이었지만 그 시간은 내게 황금보다 값진 시간이었다. 비록 스트레칭을 여전히 하고 있지만 몸은 아직도 종종 아프다. 하지만 내가 건강해야 가정이 건강해진다는 생각으로 살아간다. 굽어있는 어깨를 쫙 펴고 기지개만 켜도 찌뿌둥함이 날아가고 개운함을 느끼게 된다.

여자는 육아로 성장한다

독박육아 NO,
독립육아 YES

'육아'라는 말 앞에 수식어가 많다. '불량육아, 발육아, 전통육아, 보통육아, 책 육아, 전투육아…' 그 중에서도 '독박육아'라는 말이 있다. '독박육아'는 신조어로 '남편 또는 아내의 도움 없이 혼자서 육아를 도맡아 하는 것'을 말한다. 누가 만들어낸 말인지 모르겠지만 육아의 힘듦을 절절히 나타내는 단어로 많이 쓰이고 있다.

왜 이런 단어가 나타났을까? 아이를 키우는 일은 부부가 함께 해야 하는 일인데 남편의 야근, 회식, 출장 등으로 아내 혼자 아이를 돌보는 가정이 많고, 그 어려움을 호소하는 소리가 이런 '독박육아'라는 말로 나타나게 된 것은 아닐까 싶다.

전통 사회에서는 가족 여럿이 아이를 돌봐줄 수 있었다. 주 양육자는 엄마이지만 엄마가 일을 하고 있을 때는 조부모나 고모, 삼촌 등의 가족이 아이를 돌봤다. 그런 부 양육자들이 아이를 돌보면서 엄마의 수고를 덜어줄 수 있었다. 지금 사회에서는 부부 중심의 가정이 대부분이라 조부모 등의 친척들에게 도움을 쉽게 받을 수 있는 가정이 몇 안 된다. 가부장적인 아빠들도 점점 다정다감한 아빠로 바뀌면서 부부가 함께 육아에 뛰어들어야하는 시대가 된 것이다.

2016년 옛 추억을 떠올리게 만드는 '응답하라 1988'이라는 드라마가 있었다. 주인공 선우 집에는 어린 동생 진주가 있다. 아버지가 일찍 돌아가시고 엄마와 함께 세 식구가 산다. 그런 가정에서 엄마는 생계를 위해서 일을 나가야했는데 혼자 있는 어린 진주를 돌봐주는 것은 동네 사람들이었다. 그 시절만 해도 핵가족화가 어느 정도 이뤄졌지만 옛 마을공동체처럼 다들 친하게 지내는 사이라서 그런 일들이 가능했다. 내가 어릴 땐 아파트에 살아도 다들 대문이 활짝 열려 있었다. 아파트 1층 입구에는 '응답하라 1988'에 나오던 엄마들처럼 우리 엄마들이 평상에 앉아서 담소를 나누고 소일거리를 같이 하기도 했다. 그러나 그 시절 어린 진주가 자라 부모가 된 요즘은 그런 일이 거의 없다. 점점 아파트 현관이 굳게 닫히고 집에 있는 엄마들이 줄어들었다. 이제는 엄마가 아이만 키우는 것이 아니라 일도 같이 하는 워킹 맘들이 많아진 것이다.

워킹 맘이 아니라도 혼자 육아를 다 뒤집어썼다는 '독박육아'가 많다. 육아에 서툰 남편이 아이를 돌보는데 도움을 많이 주지 못하고 주변에 도와주는 어른들이 없을 때도 그런 말을 쓴다. 내 주변에는 부모님과 멀리 떨어져 살아서 아이를 돌봐주지 못하는 경우를 제외하면 부부가 온전히 육아를 하는 경우가 거의 없다. 전업 맘인 경우에도 아이가 아프거나 엄마가 외출을 하는 일이 있을 때 친정이나 시댁에 도움을 요청한다. 아이를 맡길 수 있는 가장 편한 사람이라

가능한 것이다. 그런 사람이 없는 나는 '독박육아'라는 말이 나왔을 때 '딱 우리를 두고 하는 말'이라고 생각했다. 시댁이나 친정이 근처에 있어도 아무 도움도 받지 않고 아이를 키우고 맞벌이도 하는, 그냥 우리의 힘으로 아이를 키우는 가정. 다른 점이 있다면 엄마인 나혼자서 육아를 '뒤집어쓰는' 일이 아닌 남편과 함께하는 육아라는 것이다.

일하는 친정 엄마는 몸이 약해서 퇴근 후 푹 쉬어야 한다. 어릴 때부터 엄마는 "너희 애들은 너희가 키워라, 내게 손주를 맡기지 말아라"고 하셨다. 세뇌가 되어서인지 당연히 친정 엄마는 우리 아이들을 봐주시지 않을 거라 생각했다. 아흔이 넘으신 시할머니와 건강이 좋지 않은 시아버지를 돌보시는 시어머니께도 아이를 맡길 수가 없었다. 또 이미 외손자 두 명을 갓난아기 때부터 몇 년간 키워온 엄마의 힘든 모습을 지켜본 남편은 '아이는 우리끼리' 키우자고 했다. 근처에 살고 계시니 전염병으로 아이가 등원을 하지 못하는 경우에는 맡아주실 수 있지만 그런 경우를 제외하고는 아예 맡기지 말자는 주의였다. 양가가 근처에 있는데도 아이를 마음 놓고 맡길 곳을 찾는 일은 참 속상한 일이었다. 지인들은 아이를 맡겨놓고 일도 하고 친구도 만나러 나갔다. 퇴근하고 친정이나 시댁에서 저녁을 먹고 집에 오거나 이미 저녁을 먹은 아이들과 퇴근 후의 시간을 알차게 보내고 있었다. 반면에 나는 퇴근 후 뛰어서 아이들을 데리러 어린이집에 가고 저녁을 해 먹이느라 퇴근 후의 시간을 많이 뺏기고 있었다. 이런 내가 힘들어도 버텨나갈 수 있었던 것은 남편의 적극적인 도움이 있었기 때문이다.

야근을 하거나 회식이나 모임도 있었지만 최대한 가정에 맞추는 남편이었다. 차가 없는 내가 비오는 날 아이들을 데리고 집에 걸어오거나 병원 진료를 보러 가는 일이 있을 때는 같이 태워주고 모임에 나가기도 했다. 조절 가능한 모임이기도 했지만 그런 애씀이 고맙다. 육아에 지쳐 있는 내게 항상 구세주 같은 남편이다. 컨디션이 안 좋은 날에는 아이들에게도 나쁜 기운이 전해지기 마련이다. 그럴 때 아이들은 아빠가 귀가하면 참 좋아한다. 엄마의 히스테리에서 벗어나는 유일한 탈출구이기 때문이다. 엄마의 잔소리에 벗어나 아빠와 함께 '몸 놀이'를 하면서 노는 아이들을 보면 미안한 감정과 고마운 감정이 함께 든다. 아빠는 아이들과 대근육을 쓰는 몸 놀이를 많이 하고 엄마와는 밀가루 반죽이나 종이접기 같은 소근육 활동을 주로 한다. 잠자리에 들기 전 각자 원하는 책을 읽어주는 일도 남편이 있어서 가능한 일이다.

'독박육아'라는 말이 처음 나왔을 때 우리는 '독박'이 아니라 '독립육아'인 것 같다고, 부부가 함께 하는 육아가 '독박육아'가 될 수 없다며 한참동안 이야기를 나눴다. 주변에는 양가 어른들이 아이를 함께 키우는 지인들이 많은 편이라 특히 우리는 '독립육아'에 대해서 스스로 기특해하고 칭찬했다. 이사를 와서 아이가 다닐 어린이집을 알아볼 때도 퇴근 후의 시간까지 계산해서 맡아줄 수 있는 곳을 알아봤다. 다행히도 토요일 보육까지 가능한 어린이집을 찾게 되었고 맞벌이를 하면서도 누구의 도움도 받지 않을 수 있었다. 여러 가지 가능

여자는 육아로 성장한다

성을 두고 아이 돌보미 서비스를 찾아보기도 했다. 그 서비스는 미리 예약을 해야 하니 당장 급할 때 이용할 수가 없었다. 또 아이들이 낯선 도우미와 함께 있는 것도 마음이 불편한 일이었다. 아이들이 아파도 어린이집에 보낼 수밖에 없었는데 어린이집 원장님이 그럴 때마다 아이들을 잘 돌봐주셔서 참 감사할 따름이다.

힘들 때마다 남편과 함께 위기를 넘기면서 열심히 살고 있는 워킹맘 시절, 내게 찬물을 끼얹는 사람도 있었다. 근무하던 병원에 오는 한 할머니 환자였다. 대부분 환자들은 내가 워킹 맘이고 아이들을 봐주는 조부모가 없는 것에 기특하다 해주셨다. 그런데 문제의 그 할머니는 자신이 손주들을 돌보며 아들집의 살림도 맡고 계셨는데, 치료 중 이런 저런 이야기를 하다가 나의 상황을 알게 됐다. 그리고는 "양쪽 집에서 애 안 봐주고 뭐하나, 엄마 퇴근 시간까지 어린이집에 있는 애들이 안됐다"고 하시며 혀를 끌끌 차셨다. 치료를 다 받고 나가는 길에도 데스크에 앉아있는 내게 계속 "애들이 안됐다, 불쌍하다"라는 말을 하시며 나가셨다. "자기 아이를 자기가 키우고 자기 살림은 자기가 하는 게 맞죠"라며 응수해도 도통 말이 먹히지 않는 분이었다. 그 분이 돌아가고 나서 한참을 속상해했다. 나름 열심히 살고 있는 사람에게 왜 저런 말을 하고 갈까, 자기가 한 말이 듣는 사람에게 어떤 영향을 미치는지도 생각하지 못할까? 그 할머니를 원망하기도 하고 또 내가 미친 상황이 그렇게 나쁜가 하는 자괴감도 느꼈다. 퇴근 후 남편에게 그 이야기를 해줬다. 남편과 대화를 통해 그래도 나는 잘하고 있다고, 우리는 어느 누구에게도 부끄럽지 않고 떳

떳하게 살고 있다며 다시 힘을 냈다.

'독박육아'라는 단어를 찬찬히 살펴보면 참 슬프다. '혼자 뒤집어썼다'는 뜻이 억울하다는 감정과 나만 피해자라는 느낌도 든다. 그 뒤에 따라오는 '육아'라는 단어가 쓸쓸해 보이기도 한다. 아이를 키우는 일이 힘든 일임에는 틀림없다. 전업 맘이든 워킹 맘이든 누구에게나 마찬가지이다. 한참 아이들에게 손이 많이 가는 유아시절, 누군가의 도움이 절실하기도 하다. 두 팔을 걷어붙이고 육아를 도와주는 사람이 있다면 참 고마운 일이다. 그러나 육아에 도움을 주는 사람이 없다고 너무 서글퍼만 하는 것은 육아를 더 힘들게 만드는 일이다. 육아를 잘 모르는 남편에게 쓰레기봉투를 쥐어주며 집안일이라도 돕게 만들고, 그냥 "애 좀 봐라"라고 하지 말고 동화책 한 권을 주면서 "아이에게 세 번만 읽어주라"고 구체적으로 요구해보는 건 어떨까? 시간이 지난 오늘도 나는 '독박육아'가 아닌 '독립육아군'이라고 스스로에게 외친다. 독립군은 힘들고 외롭지만 정의를 위해 싸우니까. 난 '독립육아군'이다.

여자는 육아로 성장한다

잊고 싶지 않아 기록했다

　항상 똑같은 일상이었다. 어제가 오늘 같고, 오늘이 내일 같았다. 쑥쑥 크는 아이의 모습은 출산 후 기억력 감퇴 때문인지 그다지 기억에 남지 않았다. 스마트폰이 나오기 전이라 귀여운 아이의 모습은 디지털 카메라로 찍었다. 메모리칩의 용량은 점점 늘어나는데 그저 찍기만 하고 보지는 않았다.

　가끔 당시 유행하던 미니홈피에 그날의 내 심정에 대해 썼다. 육아에 대해서 절절하게 힘들다는 표현을 했던 것 같다. 그러다가 육아일기를 무료로 쓰고 출판하는 사이트를 알게 됐다. 사진과 글을 함께 기록하며 아이의 커가는 모습과 내 심정을 적기 시작했다. 돌잔치 때 돌 테이블 전시용으로 육아일기를 쓰기도 한다는 말을 듣고 돌잔치를 목표로 했다. 또 넘쳐나는 사진 정리를 위해서도 기록을 했다. 평범한 날도 사진이 있으면 특별해지는 일상이 됐다.

　가끔 육아 후배들이 질문을 한다. 그럼 벌써 옛날 일이라고 기억이 가물가물 하는 것도 많다. 그럴 때면 그동안 써놓았던 육아일기를 찾아보고 답해준다. 육아일기를 찾아보면서 '그땐 그랬구나, 그런 심정이었구나' 하고 그 시절을 돌아본다. 이제는 10권이 넘는 육아일기를 보면서 뿌듯하기도 하고 의무감도 생긴다. 지금도 육아일기만큼은 꾸준히 쓰려고 노력중이다.

'아가사랑'이라는 보건복지부에서 운영하는 사이트가 있다. 그 곳에서 원고료를 주는 서포터즈를 모집한 적이 있었다. 그 중 육아일기 분야에 응모하고 서포터즈가 됐다. 당시 한 푼이라도 아쉬울 때라 그 원고료가 참 소중했다. A4 두 장 분량의 육아일기를 써야했는데, 5개월의 기간 동안 충분한 글쓰기 연습이 됐다. 오랜만에 긴 분량의 글을 쓰면서 많이 생각하고 재미있었다. 글을 쓰는 일이 생각을 많이 하는 일이지만 육아에 지친 내게 나름의 탈출구가 되어주었다.

지수경 작가의 『아주 작은 습관』, 김민태 작가의 『나는 고작 한 번 해봤을 뿐이다』. 두 책의 공통점은 작은 일을 한 번 시작해본 것이다. 그 한 번이 두 번, 세 번이 되면서 습관이 되고 그 습관이 모여 거대한 결과가 된 사례들을 볼 수 있다.

아이가 어릴 때 그냥 시작한 육아일기가 지금 글쓰기의 시초라고 생각한다. 그렇게라도 글을 조금씩 쓰고 있었기에 육아일기 서포터즈로 활동하게 되었고, 그런 과정 속에서 더 글쓰기가 발전하고 있지 않았나 생각한다.

글쓰기 책이나 강연을 보면 누구나 글을 쓰고 있다고 한다. 그도 그럴 것이 요즘은 SNS(Social Network Service)가 엄청난 속도로 발전하

여자는 육아로 성장한다

고 있고, 이용자 수도 점점 늘어나고 있다. 기기를 잘 이용하는 젊은 세대뿐만 아니라 어르신들도 스마트폰을 이용하면서 SNS의 사용이 점점 증가하고 있다. SNS를 이용하는 것, 문자 메시지를 보내는 것 모두가 글쓰기라고 한다. 자신의 일 중에서 중요하거나 기록하고 싶은 일들을 SNS에 올리는 것으로 알게 모르게 글쓰기 연습을 하고 있는 것이다.

그렇게 생각하면 글쓰기가 어렵지 않은데, 막상 글을 쓰겠다고 생각하면 어렵게 느껴지는 것도 또한 글쓰기다. 육아일기를 통해서 글쓰기를 하면 그리 어렵지 않았다. 그저 하루에 있었던 일, 특별한 일을 간단히 기록하는 것뿐이었다. 초등학교 시절 '나는 오늘'로 시작하는 일기는 늘 '참 재미있었다'로 끝나곤 했다. 지금 초등학교 2학년인 첫째 아이의 일기를 보면 내가 그 때 쓴 일기보다 훨씬 잘 쓰고 있다. 선생님이 '나는 오늘'을 빼라고 몇 번 체크하신 흔적도 보이지만 요즘 아이들은 자신의 생각을 표현하는 것이 우리 때보다 훨씬 나은 것 같다.

내 감정을 글로 드러내는 것이 처음에는 쑥스러웠다. 감정을 억제하면서 살아왔는지, 글로 감정을 드러내는 것이 어색하고 부끄럽기도 했다. 하지만 단순한 일상만 나열할 때보다 내 감정이 들어간 글은 쓰고 나면 후련하다. 내 속에 있는 솔직한 감정을 글로 적었을 때 답답했던 마음을 객관적으로 관찰할 수 있고, 화가 나는 마음도 한 박자 쉬어가며 돌아볼 수도 있다.

내 생각을 머릿속의 생각으로만 그치는 것이 아니라 글로 쓰면 현실이 되기도 한다. 계획을 삼거나 생각을 정리하고 싶을 때는 무조건 적어본다. 아날로그 식의 행동이기도 하지만 그런 아날로그 행동이 오히려 익숙하다. 새해가 되고 '올해는 5kg를 빼야지, 책을 많이 읽어야지, 아이들에게 화를 덜 내야지'라고 생각만 하는 것과 직접 적어보는 것은 확실히 다르다. 머리의 생각을 손으로 적으면서 눈으로 보면 다시 머릿속에 각인이 된다. 세 번의 과정을 거치게 되면서 확실한 내 것이 되는 것이다. 3년째 새해 각오를 수첩에 적었다. 그동안에는 '까꿍이' 육아에 지쳐서 내 수첩을 갖는 일은 생각하지 못하고 살았다. 그저 인터넷으로 육아일기를 쓰는 것만도 벅찼다. 2017년이 시작되면서 다시 한 해의 목표와 각오를 수첩에 적었다. 그런 과정을 통해 머릿속에만 있던 계획이 구체적으로 그려진다. 무엇을 해야 할지, 어떻게 실천할지 적어보면 방향이 보인다.

나는 이제껏 구입도서보다 도서관에서 빌려본 대출도서가 훨씬 많다. 빌린 책은 책에 기록하거나 밑줄을 그을 수 없기 때문에 수첩에 따로 적는다. 내가 기억하고 싶은 문구를 페이지수와 함께 수첩에 적어놓고 다시 보지 않는다. 좋은 글을 기억하고 싶다고 적어놓고 다시 보지 않는 일을 반복하면서 자주 볼 수 있는 방법이 없을까 생각해봤다. 드문드문 이용하는 블로그를 이용해야겠다는 생각이 들었다. 사생활 노출을 우려해서 개인적인 사진은 올리지 않게 되다보니 방치수준의 블로그였다. 그곳에 내가 읽은 책의 간단한 리뷰를 올리기 시작했다. 책의 간단한 줄거리, 나의 생각 그리고 내가 수첩에 적어놓은 기억하고 싶은 문구를 적고 글을 저장했다. 그렇게 한 권씩 기록

여자는 육아로 성장한다

을 하다 보니 책을 통해 내 블로그를 방문하는 사람도 생겨나고 이웃을 맺기도 했다. 주변에 책을 좋아하는 사람이 많이 없어 늘 혼자 독서를 했는데, 비슷한 관심사를 가진 사람들과 이웃이 되었다. 서로 좋은 책은 추천해주고 상대방의 책 리뷰도 참고하면서 내가 알지 못했던 책 소개도 받게 되니 참 좋은 일이다. 그런 블로그의 책 기록도 그렇게 계속 쌓여가고 있다. 이제는 스마트폰으로 손쉽게 예전에 읽었던 책을 검색하고 그 때 적어놨던 좋은 글귀들을 다시 본다. 그 덕에 한 번 더 읽어보는 책도 있다. 이것 역시 기록의 결과물이다.

큰 전쟁이 일어나면 그것에 대한 기록을 하기 마련이다. 조선시대 유성룡의 『징비록(懲毖錄)』이나 이순신의 『난중일기』는 임진왜란 당시의 기록을 전하고 있다. 나도 그런 장수들처럼 육아라는 전쟁을 기록하고 싶었다. "너희들이 크면 꼭 이것을 보여주며 엄마가 얼마나 힘들었는지 알게 해줘야지."

허나 요즘, 아이들이 예전의 자기 모습이 담긴 육아일기를 보면 아직은 글보다는 사진에 집중한다. 그저 자신의 어린 시절이 귀엽다고 감탄만 할 뿐이다. 아직 때가 멀었나보다. 육아라는 힘든 전쟁을 치르는 나에게 중요한 일 중 하나가 육아일기였다. 유일한 내 감정의 소통창구이고 육아 속에서 나의 존재감을 부각시켜주는 것이었다. 이제는 아이들의 단순 일상도, 그 때의 나의 심정을 돌아보고 싶을 때도 한 번씩 꺼내본다. 그렇게 힘들었던 순간도 지금 다시 보면 그리운 시절이다. 다시 돌아간다 해도 여전히 힘들겠지만 지나간 과거가 후회되고 아쉬운 것은 언제나 같다. 몇 년 후에 지금을 돌아보면 또 그립고 아쉽겠지? 지금이 아무리 힘든 시기라도 힘내면서 매일이 아니라도 가끔 한번 기록해보는 건 어떨까? 육아전쟁을 치르고 있는 육아 후배들에게 꼭 추천해주고 싶다. 그렇게 드문드문 기록하는 것도 후에 『징비록』이나 『난중일기』같이 내 아이에게는 큰 유산이 될지 모른다. 아이가 자라고 나서 엄마의 일기를 본다면 자신에 대한 사랑을 느끼며 무한 감동을 받을 거라 믿는다.

제3장

다른 엄마들은 어떻게 키우나

나만 이렇게 힘든 걸까

내 아이는 안 커도 남의 아이는 잘 크는 것 같다. 나는 육아가 힘들어도 남들은 아이를 거저 키우는 것 같다. 어떤 대단한 비법이 있는지도 모르겠다. 나이의 많고 적음이 육아의 수월함을 좌우하는 것도 아닌 것 같다. 나보다 언니이거나 동생이라도 먼저 육아를 시작한 사람들을 보면 참 수월하게 아이를 키우고 있었다. 예전에 잠시 알던 어떤 언니는 나보다 2년 일찍 아이를 낳고 키웠다. 그 언니의 둘째가 우리 첫째랑 나이가 비슷해서 관심 있게 지켜보곤 했는데, 그 언니는 둘째를 업고 다니면서 베이킹이나 홈패션 등의 취미생활도 하고 있었다. 아이가 엄청 순한 건지 모르겠지만 나로서는 아이를 데리고 다니면서 내 취미생활을 한다는 것은 완전 불가능한 일이라고 생각하고 있었기 때문에 그 모습이 상당히 낯설고 신기했다.

차 없이 아이 둘을 데리고 다녀서 가까운 거리는 웬만하면 유모차나 아기 띠를 이용했다. 그렇게 한 번 나갔다오면 힘에 부쳐 한동안 쉬어야했다. 반면에 다른 지인들이 아이들을 혼자 잘 데리고 다니

여자는 육아로 성장한다

는 것은 다들 차가 있어서라며 그렇지 못한 나를 애써 위안했다. 그런 그들도 나를 보면 오히려 내가 육아를 수월하게 한다고 말을 한다. 경제적으로 여유가 있는 한 지인은 늘 육아도우미를 썼는데 그런 그녀도 육아가 힘들다며 혼자 둘을 키우는 내게 참 수월하게 아이들을 키운다고 말을 했다. 역시 남의 육아는 다들 수월하게 보이나보다. '내가 보던 육아 선배들도 힘들었지만 역시 남의 육아라 내게 쉽게 보였던 것은 아니었을까?' 하는 생각도 든다.

인터넷 카페에 들어가면 힘든 육아를 토로하는 사람들이 보인다. 그 글에 달린 댓글을 봐도 역시나 비슷한 어려움을 겪는 사람들도 많다. '아, 나만 힘든 것이 아니구나, 다들 그렇구나' 하고 비슷한 감정에 위로받기도 한다.

육아 자체가 힘들기도 하지만 육아에 참여하지 않는 남편, 가족과의 관계도 육아를 더 힘들게 한다. 다른 가족의 개입을 원치 않는 '독립육아군'인 우리 부부는 언제나 상호 협동하는 사이다. 남편도 웬만해선 일찍 귀가를 하는 편인데, 야근이나 회식 등의 일이 있을 때는 나 혼자 하는 육아가 힘에 부치기도 한다. 몇 년 전 남편의 무릎 십자인대가 끊어져 수술을 하고 3주간 입원을 한 적이 있었다. 1차 수술 때는 둘째가 막 돌이 지났을 무렵이었다. 각 세 돌, 첫 돌을 지난 남매를 혼자 온전히 돌보려고 하니 여간 힘든 일이 아니었다. 놀아주는 것도 문제였지만 잠자기 전 두 명을 번갈아 씻기는 일이 큰 산이었다. 그나마 둘째를 씻기는 동안 첫째는 혼자서 책도 읽고 놀기도 했지만 첫째를 씻기는 시간에 밖에 혼자 남아있는 둘째는 평평 우는 일이 허다했다. DVD를 켜주기도 하고 수시로 밖을 확인하기도 했지만 아이의 모습은 내 마음을 급하게만 만들뿐이었다. 다른 방법으로 두 명을 함께 씻기고, 후다닥 두 명의 몸을 말리고, 옷을 입히고 나면 한겨울 반팔, 반바지를 입고 있어도 나는 춥지 않았다. 작년 남편의 2차 수술 때는 그나마 아이들이 많이 커서 1차 수술 때보다는 아이들 돌보기가 한결 쉬웠다.

겨울 날씨가 '3한 4온'이라는 말이 있다. 요즘은 지구 온난화 때문에 예전 같지 않지만 3일은 춥고 4일은 따뜻한 날씨가 된다는 것이다. 혼자 하는 육아는 딱 이런 겨울 날씨와도 같았다. 3일은 온갖 히스테리에 짜증을 부리고 그런 내 모습을 반성하고 후회하면서 4일은 아이들에게 잘 해준다. 그 반대로 4일을 히스테리 부리는 경우도 많았다. 아이들을 힘들게 하는 날에는 나도 돌아서면 후회를 한다. 아이들이 잠든 모습을 보면서 한 번이라도 후회하지 않은 엄마는 없을 거다. 이런 날에는 특히나 육아 조력자가 필요함을 느낀다. 히스테리 부리는 엄마를 피해서 아이들이 쉬어 갈 수 있는 조력자가 옆에 있으면 얼마나 좋을까 하는 생각에 미안하고 또 후회한다.

지금 사는 곳으로 이사 오고 얼마 되지 않아 동네 엄마들을 사귀어보고 싶었다. 육아의 힘듦을 함께 나누고 수다도 떠는 그런 동네 엄마들이 있으면 좋을 것 같았다. 인터넷 카페에서 아이의 개월 수가 비슷한 동네 엄마들을 알고 직접 만났다. 처음 보는 엄마들과 많은 이야기를 나눴다. 그렇게 몇 명의 엄마들을 만나면서 정작 아이는 뒷전이었다. 아직 또래와 어울리지 않는 나이의 아이들을 함께 놀아보라며 밀어 넣었다. 엄마들의 수다에 아이들은 걸림돌이 됐다. 몇 번의 그런 만남을 통해 '괜히 나왔나?' 하는 생각이 문득 들기 시작했다. 서로의 상태가 비교만 되고, 진실된 나눔은 없는 자리였다. 서서히 만남이 줄었고 그 이후로 더 이상 새로운 엄마들을 만나지 않았다. 아이의 문화센터도 그저 둘만 다녔다. 다른 엄마들은 끼리끼리 만나서 밥도 먹고 했지만 나는 아이와 둘이 함께 했다. 오히려 그런 상태가 편했다. 아이가 놀자하면 놀고, 집에 가자하면 갔다. 누구의 스케줄도 따를 필요 없이 나와 아이에게만 시선을 두니 그렇게 편할 수가 없었다.

아이가 한 명일 때는 처음 겪는 일이라 많이 힘들었다. 그것도 적응이 됐는지 둘째를 낳고서는 아이 한 명을 돌보는 일은 힘든 일도 아니었다. 첫째가 어린이집에 갔다가 돌아오는 시간까지 둘째 아이와 알찬 시간을 보내는 일이 숙제였다. 샘이 많은 첫째는 동생이 엄마나 아빠에게 붙어있는 것을 잘 보지 못했다. 자신과 함께 하는 시간을 더 많이 갖기를 바랐다. 그것을 알기에 낮에 둘째와 더 알찬 시간을 보내려 노력했다. 그 속에 다른 엄마들이 들어와서 아이와 함께 놀아주지 못한 시간이 아깝기만 하다. 카페를 통해서 만났던 엄마들이 나와 성격이 엄청 잘 맞았다면 깨닫지 못했을 일이다. 지금 생각하면 오히려 잘 맞지 않아서 참 다행이다.

어느 엄마들의 이야기를 들어봐도 다들 힘들다고 한다. 나도 힘든데 그 엄마들의 이야기를 들어보면 '저 정도 가지고 힘들다고 하네' 싶은 생각이 드는 부분도 있다. 힘들다는 것이 참으로 상대적이다. 어떤 지인은 친정 엄마와 함께 살며 아이 한 명을 키워도 힘들다고 한다. 또 다른 지인은 친정 엄마를 포함한 부부가 아이 한 명을 돌보는데 지치고 힘들단다. 아이 한 명에 어른 셋이 붙어도 어른 세 명 모두가 힘들다고 표현하고 있었다. 그 아이가 지극히 정상 발달을 하고 있는 아기인데도 그렇다. 그런 그들이 부모의 도움이나 개입 없이 혼자 아이를 키우는 나를 보면 정말 아이를 수월하게 키운다는 말이 나오는 것이다. 정작 내가 얼마나 힘든지는 눈에 보이지 않고.

아이를 봐줄 사람이 없지만 너무 어릴 때부터 어린이집이나 다른 기관에 맡기고 싶진 않았다. 아이가 돌이 지날 때까지는 무조건 내가 아이들을 돌보자고 다짐하고 아이들을 키웠다. 눈에 보이는 형편은 맞벌이를 해야 맞는데, 아이들은 아직 어리니 그것도 마음이 무거웠다. 일을 안 하고 있으니 형편이 뻔하고, 일을 하자니 어린 아이들이 눈에 밟혔다. 막상 둘째가 돌이 지나고 이듬해 여름부터 일을 시작했는데, 일과 육아의 병행이 또 힘든 문제였다. 혹시나 아이가 갑자기 아프면 어떡하나, 어린이집 방학에는 아이를 어떻게 해야 하나 등의 여러 가지 문제들이 머릿속을 복잡하게 만들었다. 꼭 나만 이렇게 힘든 건지, 어떤 때는 이런 고통을 감내하며 일을 해야 하나 싶은 생각도 들었다. 육아 도우미를 쓰자니 내가 버는 돈이나 나가는 돈이나 비슷하고, 친척에게 맡기고 싶어도 여건이 안됐다. 그저 나와 남편 둘이서 헤쳐 나갈 수밖에 없는 일이었다.

항상 근처에 시댁이고 친정이 있음에도 남편과 둘이서 아등바등하는 우리가 안쓰럽다고 생각했다. 누구는 도움을 받고 누구는 도움하나 없이 사는 게 불공평하다 생각했다. 그러다 '차라리 타지에 살고 있다면 아예 이런 생각을 하지 않을 텐데' 하는 생각이 들었다. 본가와 떨어진 타지에 살고 있다면 이런 마음은 들지 않았을 거다. 또 본가근처에 살며 도움을 받는 사람이 대다수가 아닌 점도 생각해봤다. 그리 마음을 먹으니 편안해졌다. 누구와 비교하는 것이 아니라 그저 내가 처한 상황만 생각하자고 스스로를 세뇌시켰다. 아까도 힘들다는 것이 상대적이라고 말했지만 내 스스로도 다른 사람과 비교하면서 살고 있었다. 그것을 뒤늦게라도 깨달아서 다행이라 생각한다. 나만 힘든 게 아니라 다른 사람도 똑같이 힘들다. 대신 다른 사람과 비교하면 내가 더 힘들어진다.

'엄친아', '엄친딸', '흙수저', '금수저'와 같은 말들도 모두 다른 사람과 비교하면서 만들어진 말이다. '엄마친구아들'이나 '금수저'로 태어난 사람들도 힘든 일이 있을 거고 그렇지 않은 사람들은 또 다른 힘든 일이 있을 거다. 내가 비록 남들 보기에 '흙수저'로 살고 있어도, 그런 육아를 해서 힘들다고 해도 그건 나의 일이고 오직 내가 헤쳐 나갈 일이란 것을 오늘 또 깨닫는다.

커닝 육아의 시작

나만 아이를 이렇게 키우나, 육아가 힘드나 싶어서 인터넷을 기웃거렸다. 아이가 낮잠을 자면 작은 방으로 쪼르르 달려가 컴퓨터를 켰다. 스마트폰이 없었던 것이 다행이다. 아니면 아이가 깨어있을 때도 계속 스마트폰만 들여다보고 있었을지도 모른다.

인터넷 속의 육아 선배들 중에는 육아 고수가 참 많았다. 나도 그렇게 될 수는 없을까? 많은 육아블로그를 보면서 여러 가지의 방법들을 접했다. '모방은 창조의 어머니'라는 말도 있듯이 그대로 따라해보면 답이 나올 거란 생각도 들었다. A엄마와 A아이의 스타일은 나와 내 아이와 달라 실패. B엄마와 B아이의 스타일은 따라 하기 힘들어서 실패. 이것도 저것도 모두 맞지 않았다. 인터넷에서 내게 맞는 육아법을 찾기 어려웠다.

책을 검색했다. 아이에게 읽어줄 책을 사주고 싶었다. 전집을 검색하다가 들어간 블로그에는 아이 한 명이 보는 전집이 한 두질이 아니었다. '저 많은 책을 아이가 혼자서 다 본다고?' 문화적 충격이었다.

여자는 육아로 성장한다

시기별로 집에 구비해야 하는 전집이 여러 종류였다. 아이가 책만 보고 사는 것 같았다. 방대한 지식을 자랑하는 아이들은 책을 읽고 난 후 하는 독후활동도 척척이었다. 아이도 그렇지만 그렇게 이끌어나가는 엄마가 더 대단해보였다. 아이가 책을 읽을 시간을 확보하기 위해서 학교 입학 전까지 유치원이나 기타 기관에 보내지 않았다. 말그대로 엄마가 유아 홈스쿨링을 하고 있는 것이었다. 나는 아이가 어린이집에 단 3시간이라도 가줘야 내가 숨을 쉴 수 있는데, 저 엄마들은 지금 생각해봐도 초인 같다.

수많은 전집에 어떤 책을 사야할지 궁금했다. 나보다 먼저 아이를 낳은 친구에게 조언을 구했다. 내 얘기를 들은 친구는 책도 중요하지만 엄마의 기준이 더 중요하다했다. 엄마가 줏대를 가지고 무엇이 우선인지 파악할 필요가 있다고 했다. 친구에게 중요한 것을 배웠다. 역시 육아선배는 다르구나.

그런 말을 듣고 나서 나의 상황에 맞게 취할 것은 취하고 버릴 것은 버리게 됐다. 무조건 따라하는 것이 아니라 내가 할 수 있는 것만 따라하자는 생각을 했다. 수많은 블로거들에게 휩쓸리지 않고 올바른 것을 찾는 일도 쉽지 않은 일이었다. 체험단이나 협찬을 받은 제품에게는 서평이 후하다는 것도 객관적으로 보면서 알게 됐다. 그런 제품은 일단 후기를 무시했다. 자신이 직접 고르고 돈을 지불한 책의 서평을 찾아보면서 내 아이에게 맞는 책을 골랐다. 그렇게 고른 책이 대형 출판사의 책이라 가격이 비싸다면 같은 제품을 중고로 찾았다. 내가 자주 이용하는 중고서점에는 수많은 전집들이 다양한 가격에 나오고 있다. 가격이 너무 싸지 않은 것은 새 책에 가까워 주로 그런 책들 위주로 구입을 했다. 다행히 그렇게 구입한 책이 마음에 들고 아이도 잘 봐줘서 뿌듯했다. 아이가 자라면서 더 이상 보지 않는 유아서적은 육아 후배들에게 물려주고 그 빈자리를 다른 책들로 채워줬다. 구입은 항상 중고서점과 인터넷 서점이다.

블로그를 많이 보다보니 이웃 맺기도 많이 하게 된다. 무분별한 이웃신청을 하지도, 받지도 않고 나와 비슷한 사람들 위주로만 이웃을 맺게 된다. 얼굴은 몰라도 뜻이 비슷한 사람과의 인터넷을 통한 만남과, 그들이 하는 것을 보고 나와 내 아이에게 맞는 것을 벤치마킹하는 일도 많다. 『하루 15분의 행복』의 저자이기도 한 김은영 작가의 『학습일지』는 따라한 지 1년이 넘었다. 컴퓨터로 문서작성이 힘든 나는 그 중에서도 달력에 수기로 적는 방법만 따라하고 있다. 내가 쉽게 할 수 있는 부분만 가져온 것이다. 『걱정말아요, 육아』의 저자인 김윤희 작가의 블로그를 보면서 하루에 한 권, 책을 읽어주기도 했다. 이제는 아이들이 책을 읽어달라고 하는 일도 적고, 내가 읽어주지 않아도 읽는 모습이 보인다. 또 '책 육아 하는 몸짱 아줌마'의 '사교육 없는 책 육아' 블로그를 보면서 아이들이 놀 때 영어 CD를 틀어준다. 영어에 흘려듣기, 집중듣기 등의 방법도 많이 있지만 그저 배경음악처럼 틀어준다. 어느 전문가의 말에 그런 것보다 단시간 책을 보면서 집중해서 들으면 효과가 있다는 말을 듣고 그렇게도 해봤지만 내 스타일에 지속성이 부족했다. 언제든지 할 수 있는 것이 아이들이 놀 때 CD를 틀어주는 일이라 계속 하고 있다.

여자는 육아로 성장한다

아무리 훌륭한 육아법을 따라한다고 해도 그것이 그들과 똑같이 될 거라는 생각을 버려야한다. 수많은 블로그를 보면서 알게 된 육아법들을 처음 아이에게 적용시켰을 때 은근히 기대한 부분도 많았다. 하나씩 시도를 하면서 혼란스러웠던 점은 '왜 우리아이에게는 저런 반응이 나오지 않지?'였다. 계속 하면 할수록 나오는 다른 반응은 초보엄마를 당황하게 만들었다. 아이가 모두 똑같은 인간이 아니라는 것을 무시하고 내 아이가 블로그에 나오는 그 아이라고 생각해서였다. 모든 아이는 백지와도 같다고 한다. 백지에 그리는 대로 아이가 자라고 변화한다. 하지만 그 백지가 모두 똑같은 백지가 아니다. 어떤 백지는 동그란 모양이고, 또 다른 백지는 세모 모양이다. 부드러운 질감을 가진 백지도 있고 울퉁불퉁한 백지도 있다. 제각기 다른 백지에 똑같은 그림을 그려도 그 느낌이 다 다르고 모양도 일치하지 않는다. 그것을 깨닫는 시간이 제법 오래 걸렸다.

학창시절에 내가 제일 못 푸는 문제는 응용문제였다. 수학의 공식을 아무리 외우고 있어도 막상 응용문제가 나오면 공식에 대입시키지 못했다. 점수가 제일 높은 응용문제를 항상 틀렸다. 문제풀이를 보면 내가 다 알고 있는 공식인데도 그것을 응용하지 못했다. 공식의 원리를 이해하지 않고 무조건 외우기만 했기 때문이다. 아이를 키우면서 수많은 육아법을 찾아보는 일도 수학문제를 푸는 것과 같았다. 공부를 할 때는 이해하며 끄덕거려도 아이에게 그 공식을 대입시키는 것이 어려웠다. 어디서 어떻게 대입을 시켜야 정답이 나오는지 알 수가 없었다. TV에서 육아전문가들이 나와서 문제를 집어내고 그 문제를 풀어나가는 모습을 보면 나도 그것이 눈에 보였다. 그것은 마치 해답지를 선생님과 함께 보면서 풀어나가는 것과 같았다. 해답지 없이 나 혼자 내 아이에게 적용시키는 일은 아무리 문제를 이리 보고 저리 봐도 어려운 일이었다. 자신을 이해하지 않고 답만 원하는 엄마에게 쉽게 답을 말해주지 않는 아이였다.

지금은 또 지금 상황에 맞는 문제들이 눈앞에 있다. 여전히 문제 푸는 일은 힘들어서 교과서 역할을 하는 육아서를 읽고 있다. 수학문제는 어떻게든 문제 풀이가 가능하다. 답이 정확하게 나오는 공식이 있고, 수를 넣으면 풀이가 된다. 수학문제보다 더 어려운 육아는 정확한 답이 없다. 정확한 답이 없기에 더 어려운 것이 육아다. 이렇게도 해보고 저렇게도 해봐도 역시나 다르게 나온다. 한 배에서 나온 형제, 자매도 각기 성향이 달라 똑같은 공식을 대입해도 답이 다르다. 그것을 인정할 때 내 육아가 한결 쉬워질 것이다.

육아 후배들이 내게 묻는다. 기저귀 떼는 일이며, 한글은 어떻게 가르치는지, 학습지는 무엇을 시키는지 등. 그럴 때마다 '우리 아이의 경우에는'으로 시작한다. 이러이러한 결과가 나왔지만 이것은 '우리아이'이기 때문이라고 알려주고 싶어서이다. 반대로 이야기하면 '너의 아이와 같지 않다'이다. 생후 9개월부터 걸음마를 시작한 둘째와 16개월이 되어서야 혼자 걷기를 시작한 첫째도 한 배에서 나온 남매이지만 이렇게 다르다. 하물며 다른 부모에게서 나온 아이는 오죽할까? 아이가 둘 이상이라면 둘만으로도 확연히 다르다는 것을 알 수 있을 것이다.

여자는 육아로 성장한다

지금도 나의 커닝 육아는 계속되고 있다. 아이가 자라고 새로운 일들이 생긴다. 그만큼 새로운 문제도, 고민도 계속 생겨나고 있다. 마치 끝이 없는 뫼비우스의 띠 같은 육아이다. 그 띠에 올라서 있는 나는 그것을 벗어날 수 없어 계속 새로운 해결책을 찾게 된다. 그것이 책이든 인터넷이든 나에게 맞는 방법을 찾는다. 그런 노력은 우리 아이들을 바르고, 사회에 필요한 사람으로 만드는 것이 최종 목표다. 사회에 해악이 되는 사람으로 아이를 키우고자 하는 부모는 없지 않을까? 그래서 나의 커닝은 나의 사욕을 채우는 베낌이 아니라 모두의 발전을 위한 베낌이라고 생각한다. 다른 사람의 것을 커닝하면서도 그것을 내 것으로 만들어내는 나만의 공식이 계속 필요한 일이 육아라는 것을 매일 생각한다.

나는 자유롭고 싶다

　20대에 결혼 한 친구들은 나를 포함해 다섯 손가락 안에 들어갈 정도였다. 전쟁 같은 육아를 하면서도 미스 친구들의 일상 이야기를 들을 수 있었다. 친구들은 여전히 자신을 위한 삶을 살고 있었다. 미스 친구들이 여행을 다니고, 새로운 남자친구를 만나고 헤어지고, 취미생활을 하고, 공연도 보러 다니는 반면, 결혼 전 영화관 VIP회원이었던 나는 컴퓨터로 다운받아놓은 영화도 겨우 볼까말까 한데 말이다.

　겨우 아이를 남편에게 맡겨놓고 친구들을 만나러 나갔다. 결혼 적령기의 친구들은 오히려 결혼하고 아이를 낳은 나를 부러워했다. 당시 나의 삶을 후회하고 있진 않았지만 예쁘게 차려입고 나온 미스 친구들에 비해 수유시간이 지나 탱탱해진 가슴이 아파오던 내가 낯설 뿐이었다. 친구들과의 공통 주제도 점점 사라져갔다. 자주 만나던 친구들도 대화거리가 바닥났다. 각자 다른 삶을 살고 있어도 즐거웠던 이야기는 이제 우주 밖의 이야기처럼 낯설기만 했다. 미스 친구들도 아이를 낳은 나도 마찬가지였으리라. 나의 세계는 오직 아이와 육아, 가정뿐이었다. 일을 하지 않는 나는 더 밖으로 멀어지는 행성과도 같았다.

일을 시작해도 마찬가지였다. 다시 일을 시작했을 때는 예전과 상황이 많이 달라져 있었다. 한동안 일을 놓고 있었고, 나의 상황도 달라져있었다. 아가씨일 때 일을 하던 것과 애 딸린 아줌마로 일을 하는 것은 마음가짐부터가 완전히 딴판이었다. 돈을 버는 일도 훌륭하고 중요하지만 우선 아이를 돌보기 위한 출퇴근시간부터 퇴근 후의 시간활용은 결혼 전과 180도 다른 생활이었다. 그 때 느낌이 왔다. '나의 상황이 정말 많이 변했구나, 이것이 현실이구나'

내 시간이 없었다. 근무시간 중의 쉬는 시간에만 오직 내 시간이 만들어졌다. 배우고 싶은 것도 많고, 하고 싶은 일도 많았다. 퇴근 후의 밤거리는 회식 날에만 거닐 수 있었다. 그마저도 마음은 아이들에게 향해있었다.

결혼을 하고 아이를 낳으면 남자나 여자 모두 그 전에 비해 자유롭지 못하다. 특히 여자는 더 심하다. 아이는 엄마를 찾기 마련이고 손길을 그리워한다. 나는 어릴 때 엄마의 귀가 시간이 늦어지면 부엌이나 베란다에서 밖을 한참 내다보았다. 휴대전화나 삐삐도 없던 시절이라 무작정 기다리는 수밖에 없었다. 예상 시간이 지나면 꼭 나쁜 생각이 먼저 들었다. '무슨 일이 생긴 건 아닐까?' 그런 기억 때문에 우리 아이들도 그럴지도 모른다는 생각에 항상 집으로 가는 발걸음을 재촉하게 된다. 막상 집에 가보면 양껏 어질러진 집에서 아이들은 아빠와 신나게 놀고 있다. 엄마를 기다린 흔적은 보이지 않지만 엄마에게 달려와 안기는 것으로 그 마음을 위로한다.

친정 엄마의 이야기를 들어보면 어린 나도 '엄마 껌딱지'였다. 낯을 많이 가려서 쉽게 다른 이에게 가지 않았단다. 가끔 놀러온 이모가 업어준다고 해도 한사코 엄마 등에 업혀있어야 했단다. 엄마 세대의 어른들이 지금 세대를 본다면 참 자유롭게 산다고 할지 모른다. 그들에 비해 지금 엄마들은 정말 자유롭다. 아이와 함께일지라도 외식도 자주 하고 밖에 나가는 일도 수월하다. 그래도 지금 엄마들은 나름의 고충이 많다. 친정 엄마들보다 훨씬 자유롭게 살다가 아이로 인해 그 자유를 강제로 박탈당한 느낌도 든다. 더 자유로웠기 때문에 박탈감도 더 많다. 영화 '박하사탕'에서 주인공인 설경구가 철도 위에서 했던 "나 다시 돌아갈래!"라는 말은 꼭 육아에 지쳐 있는 엄마들이 한 번쯤은 외치고 싶은 말일 것이다.

결혼과 출산은 내가 선택한 삶이다. 내가 태어난 것은 나의 선택이 아니었다고 해도 내 아이가 태어난 것은 순전히 나의 선택과 의지이다. 그렇기에 아이를 키우는 것은 나의 의무가 된다. 늦은 출산으로 힘들어한 엄마를 보고 자라면서 꼭 일찍 아이를 낳고 싶었다. 30대가 되기 전에 아이 두 명을 꼭 낳고 싶었고, 30대가 되면 여유 있는 엄마가 되고 싶었다. 그런 바람이 이뤄져서 기쁘고 고마웠다. 반면에 자유박탈은 생각지도 못한 대가였다. 후회가 되기보다는 그저 예상치 못한 힘듦이었다. 힘들다는 것은 알고 있었지만 접해보지 못한 힘듦이 어색하고 낯설었다.

여자는 육아로 성장한다

20대에 온전한 자유를 누리던 친구들은 30대가 되면서 본격적인 육아의 길로 들어왔다. 그녀들보다 몇 년 앞서 육아를 시작한 나는 상대적으로 지금 자유롭다. 아이들끼리 노는 것을 보면서 책도 읽을 수 있고, 커피를 마실 수도 있다. 잠을 쫓고 에너지 충전을 위해 또 생떼를 부리는 아이를 피해 한숨 돌리려 마시던 커피를 이제는 즐기면서 마실 수 있게 되었다. 육아가 힘든 시간은 육아를 하는 전체의 시간에 1/10도 되지 않는다. 대신 그 강도가 엄청 세기 때문에 경주마처럼 앞만 보고 죽어라 달릴 수밖에 없다. 결승점에 도달할 때까지 앞만 봐야하는 경주마는 어쩔 수 없이 달린다. 기수와 호흡을 맞추며 달리는 경주마는 흡사 아이와 호흡을 맞추는 엄마와도 같다. 다른 곳으로 눈을 돌릴 틈도 없이 아이를 안고 달린다. 쉬어 갈 수도 없는 곳이다. 속도는 다르지만 힘든 구간을 벗어나기 위해 모든 엄마는 열심히 달린다.

뱃속에 아이가 있을 때 어른들이 하시던 말씀, "좋을 때다", 어린 아이를 데리고 다니면서 듣던 말도 "좋을 때다"였다. 지금 아이를 낳은 지인들에게 "축하한다"는 말과 함께 내가 해주고 있는 말도 "좋을 때다"이다. 대신 'welcome to hell'이라고 속으로 말해준다. 당분간 엄청 힘들 것이기에 육아에 지친 모습이 눈에 선하게 그려지기 때문이다. 아이는 귀엽고 사랑스러워도 그만큼 엄마도 지치고 확 늙게 되는 시기이다.

아이가 있는 지인들과 식당에 가면 다 같이 모여서 밥을 먹기가 힘들다. 아이가 어린 가정은 가만히 앉아있지 못하는 아이를 따라다니기에 바빠 대화를 나누기도 어렵다. 친한 친구들이 하나, 둘 아이가 생기면서 어느 순간부터 돌아가며 각자 집에서 모임을 갖고 있다. 아이들이 몰려다니면서 함께 노는 동안 어른들은 이야기도 나누고 편하게 밥을 먹는다. 아이들도 집이라 편하고 넓은 공간에서 충분히 놀 수 있다. 아이가 있어도 그 속에서 우리만의 자유로움을 찾게 된다. 여러 명의 어른이 있어 누가 봐도 아이들을 볼 수 있고 집이라서 부담도 없다. 자주 만나지는 못해도 이렇게라도 만나면서 지친 육아를 공유한다.

20대 중반, 친구들과 시내의 감자탕 집에 밥을 먹으러 간 적이 있었다. 그곳에는 유난히 아이들이 많았다. '무슨 아이들을 데리고 감자탕을 먹으러 이렇게 많이 오나?' 하고 생각했다. 리모델링 후 놀이방이 더 커진 그 감자탕 집은 이제 내가 자주 애용하는 곳이다. 아이들을 데리고 갈만한 외식장소의 1순위가 바로 놀이방이 있는 곳이다. 놀이방이 있는 식당이 한정되어 있어 우리가 먹을 수 있는 메뉴도 한정되어 있다. 그 메뉴에 질릴 때쯤에는 또 다른 놀이방이 있는 식당을 찾는다. 그렇게라도 외식을 하고 싶어서다. 유일한 저녁 외출이 식당이라서 똑같은 메뉴라도 먹으러 가는 것이다. 요즘 노키즈존 (no kids zone)이 있는 식당이나 카페도 많이 생겼다. 그런 업주들도 이해된다. 결혼 전에는 식당에서 생떼를 부리거나 울고, 마구잡이로 돌아다니는 아이들을 보면서 이해할 수 없었기 때문이다. 남에게 피해를 주는 행동을 하는 아이들을 제지하지 않는 부모들을 보면서 '나는 저런 부모가 되지 말아야지' 하는 생각을 많이 했다. 노키즈존에

여자는 육아로 성장한다

대한 의견이 분분하지만 양쪽 다 이해가 된다. 그런 곳을 피해 웬만하면 아이들이 잘 놀 수 있는 곳을 찾는다. 아예 방이 있어 공간이 분리된 곳은 더 좋다. 그렇게라도 밖으로 탈출하고 싶다.

엄마가 육아를 더욱 건강하게 할 수 있는 방법은 가끔 엄마 자신만의 시간을 갖는 일이라고 한다. 내가 필라테스를 하면서 일주일에 한 시간 반의 내 시간을 가진 것처럼 말이다. 그런 시간을 가지려고 해도 일부러 잘 되지 않는 경우도 많다. 혼자 커피숍에서 커피 한 잔과 책 한 권을 읽고 오라는 자상한 남편을 뒀다면 참 복이 많은 경우다. 그런 시간을 이해하지 못하는 남편을 뒀다면 억지로라도 필요한 시간을 만들어보는 것도 좋다. 일주일에 한 번 목욕탕을 가면서 아이를 남편에게 맡겨본다. 나에 대한 투자라고 생각하고 세신사에게 몸을 맡기고 사우나까지 한다. 나오는 길에 시원한 우유 한 잔도 좋다. 일주일에 한 시간여의 내 시간을 갖는 일은 돌아와서 아이에게 더 친절한 엄마의 모습을 보여줄 수 있는 충전의 시간이다. 또 그것은 끝이 안 보이는 육아에 꿀맛 같은 오아시스가 될 것이다.

잃어버린 내 인생

　하고 싶은 것 많던 나는 어디로 갔을까? 내 이름 석 자보다 누구 엄마로 불리는 날이 더 많다. 어린이집에서도 누구 어머니, 동네에서도 애기 엄마다. 심지어는 인터넷상에서도 누구 맘(mom)이라는 닉네임을 쓴다. 내 이름도 없고 내 인생도 없다. 그저 시간은 흐르고 24시간 대기조로 아이의 비서, 유모로 살아간다. 잠시 짬을 내고 싶어도 일주일에 한 시간정도다. '아이가 크면 이것도 하고 저것도 해야지' 생각하면서 배우고 싶은 리스트를 만들어본다. 현실은 캥거루인지 코알라인지 모를 정도로 앞뒤로 꼭 붙어있는 아이와 한 몸이다. 어떨 땐 오히려 아이 없이 외출을 하게 되면 어색할 정도가 되어버렸다.

　대학 졸업 후 일을 하면서도 하고 싶은 것이 많았다. 취업 초기에는 일에 도움이 되는 학과 공부를 위해 주말마다 학회를 다녔다. 저녁도 거른 채 스터디를 다니고 주말도 없이 학회를 다녔다. 전문학사로 졸업해 대학원을 가려고 방송대에 편입, 졸업을 했다. 그러는 동

　　　　　　　　　여자는 육아로 성장한다

안에도 요리, 기타, 인라인, 드럼, 요가를 배우러 다녔다. 틈틈이 십자수도 하고 재테크 공부도 했다. 공무원 시험 응시를 위해 주경야독도 해봤다. 해보지 못한 것이 너무 많아 가능한 다 해보고 싶었다. 길게 배운 것은 없지만 내가 하고 싶은 것들을 배우고 익혔다.

배움에 대한 갈망은 언제나 있었다. 아이를 업고 다니면서 이것저것 배우는 사람도 봤지만 나는 그럴 용기가 없었다. 단순 외출도 힘든데 아이를 데리고 무엇을 배운다는 것은 감히 생각조차 할 수 없는 일이었다. 배우고 싶은 것이 있어도 무조건 '아이가 어린이집을 갈 정도로 자라고 난 후'로 미뤘다. 그러다보니 점점 나는 없어져갔다. 나를 찾기 위해서 책을 읽었지만 그것 또한 육아서가 많았다. 마치 육아를 위해 만들어져 가는 사람이 되어버린 것 같았다. 육아서가 질릴 때쯤 일반 서적을 한두 권씩 읽었다. 기분도 전환되고 좋았다. 굳은 의지를 가지고 책을 꾸준히 읽었으면 좋았으련만 아이를 돌보며 책 한 권을 읽는 일이 더디기만 했다. 친정에서 동생이 보던 쉬운 영단어 책을 가지고 왔다. '오며가며 영단어라도 외울까?' 하는 생각이 들어서였다. 허나 그것도 목표가 없으니 흐지부지 됐다. 책꽂이에 꽂힌 채 그대로 몇 년이 흘렀다.

그 당시에는 전부 '아이 때문에'라는 핑계를 많이 했다. 아이가 내 방패라도 되는 양 아이를 내세워 피하려는 일이 많았다. '아이 때문에' 힘들다고 했고, '아이 때문에' 못 나간다고 했다. '아이 때문에' 책을 못 읽는다고 했고, '아이 때문에' 공부를 못한다고 했다. 물론 '아이 때문에' 못하는 일도 많았다. '아이를 위해서' 해야 하는 일이 '아이 때문에'가 되는 것은 순식간이었다. 아이를 업고 도서관에 가서 필요한 책만 후다닥 빌려와서 읽고 갖다 주는 일을 해도 됐을 것 같은데, 아이를 유모차에 태우고 공원에 나가 몇 바퀴 걷는 운동을 하고 돌아와도 됐을 텐데. 아쉬움만 남는 시간이다. 한때 어느 종교에서 캠페인을 벌인 '내 탓이오'라는 말이 딱 나에게 들어맞는다. 아이 핑계를 대는 것도, 내 시간을 낭비하고 인생을 그저 흘려보낸 것도 모두 내 탓이다.

어릴 때 가족 앨범을 보다가 흑백 사진 속의 젊은 여자를 봤다. 엄마에게 "이 사람 누구예요?"라고 물으니 엄마가 웃으시며 "너희 엄마"라고 하셨다. 당시의 엄마와 사진 속의 젊은 여자는 완전 딴판이었다. 젊은 시절 유행했던 나팔바지를 입고 아직 젖살이 있는 듯한 통통한 볼은 사진 밖의 야위고 나이든 엄마와는 다른 사람이었다. '엄마도 젊었을 때가 있었구나'라고 생각한 것은 그 때부터였다. 엄마는 늘 엄마인 줄 알았다. 내 생애의 처음과 끝까지 '엄마'는 '엄마'이기에 엄마의 젊은 날을 생각하지 못했다. 그런 생각을 했음에도 아이를 낳은 나는 내가 늘 '미스'라고 생각하고 살았다. 내 상황이 변했고 내가 변해야 된다는 것을 생각하지 못했다. 내 본질은 변함이 없겠지만 나의 위치와 입장이 변했다는 것을 인정해야했다. 그것을 하지 못한 채 나는 힘들어하고 내 인생이 없어졌다고 '아이 때문에'라는 말로 그 상황을 덮으려고만 했다. 그것은 사고를 냈지만 수습을 하지 않고, 남의 탓만 하며 책임을 떠넘기려는 악질과 다를 바 없다.

'나'라는 사람은 그 누구도 대신하지 못한다. 엄마로, 아내로만 살

여자는 육아로 성장한다

고 있다고 내 삶이 없는 것은 아니다. 주변의 미스들이나 워킹 맘을 보면 나만 멈춰서있는 것 같았다. 다들 뛰어가는데 나만 멈춰 서서 애만 보고, 집안일만 하고 있는 것 같았다. 조바심도 났고, 일도 하고 싶었고, 밖에서 인정받으며 살고 싶었다. 거창한 일이 아니라도 내 일을 하고 싶었다. '나는 집에 있을 성격이 안 되는데, 밖에 나가야 되는데'라며 집에서 애나 보고 있는 일을 스스로 평가절하하고 있었다.

자신은 뚱뚱하고 못생기고 키도 작다. 가난한 집에서 자라고 전문직도 아니라며 자신을 깎아내리던 친구 B가 있었다. 내가 보기엔 체중만 조절하면 괜찮은 인물이고, 꾸준히 직장생활 잘하고 예의가 발라서 다른 직장으로 옮겨도 충분히 잘 할 것 같았다. 집이 가난해도 남에게 빚진 사람은 없어 자신만 알뜰하면 먹고 살기에도 큰 어려움이 없었다. 그런 말을 하는 내게 B는 아니라며 괜한 칭찬은 거두라고 말을 막았다. B를 보면서 늘 안타까웠다. 내 삶이 어둡다고 여기면 한없이 어두워진다. 자칫 영영 블랙홀에 빠질 수도 있다. 또 자신을 대접해주지 않는다고 시댁을 항상 원망하는 지인 M이 있었다. 시댁뿐만 아니라 친정, 남편, 이웃에 대한 불만이 끊이지 않는 사람이었다. 자신을 제외한 다른 이들은 모두 그른 사람들이었다. 일 때문에 자주 만났지만 만날 때마다 블랙홀에 같이 빠지는 기분이었다. 멀리하고 싶은 사람이라 서서히 멀리했다.

위의 친구와 지인은 모두 열등감이 크다. 그 열등감은 항상 자격지심을 만들고 자신을 미흡하게 만든다. 자신의 처지를 비하하고 남의 탓으로 돌리기 바쁘다. 아빠가 키가 작아서 내가 키가 작고, 시댁이 부자가 아니라서 맞벌이를 해야 한단다. 그녀들을 보면서 나도 반성했다. 내가 처한 상황은 아이 탓이 아니었다. 내가 선택한 내 인생이었다. 집안일과 육아를 맡아 하는 일이 멈춰 서있는 일인 듯 보였다. 다른 관점에선 '집에서 애나 키우는' 일이 아닌 '가정경영'인데 말이다.

육아서의 비중을 조금 낮추고 나를 위한 책을 골랐다. 그 중에서도 엄마, 아내, 여자로 살아가는 여성의 이야기를 다룬 책을 많이 읽었다. 공통적인 것은 주부로 산다고 자존감을 떨어뜨리지 말라는 것이다. 그 자존감을 떨어뜨리지 않기 위해 꿈을 꾸라고 했다. '꿈'은 어린 아이들이나 꾸는 것이라고 생각했던 내게 책들이 '꿈이 뭐냐'고 계속 물었다. 막연했다. '꿈이 뭐지? 나는 무엇을 하고 싶었던 사람이지?' 계속 생각했다.

예전에 하고 싶은 것이 많던 내가 생각났다. 하고 싶은 것 중에 결혼과 육아도 있었다. 서른이 되기 전에 아이 둘을 낳고 싶었고, 이제 그 꿈을 이뤄서 실컷 맛보고 있는 중이었다. 그 꿈의 쓴 맛을 미리 알지 못했기에 내가 꾼 꿈의 어려움을 남의 탓으로 돌리고 있었다. 나의 꿈을 이루게 해준 아이에게 고맙다고 하지 못하고 탓만 하고 있었다. 그러면서 내 인생은 없다고, 나를 찾고 싶다고 했다. 나는 언제나 그 자리에 있었지만 혼자 눈을 가리고 제자리를 맴돌고 있었다.

현실은 밀린 집안일에 아이 뒤치다꺼리뿐이지만 이 세상에 제대로 된 사람 하나를 내보낼 수 있다면 성공한 꿈이다. 내가 부모의 도

여자는 육아로 성장한다

움으로 이 세상에서 살아왔듯 나도 아이들에게 도움이 되는 부모가
되는 것이 또 다른 꿈이다. 내 인생이 없다는 구간을 확대해보면 엄
청 느리고 힘들어서 점이 희미하게 찍혔을 것이다. 대신 아이의 인생
에서는 큰 점으로 찍혔으리라. 엄마라는 이름으로, 아이가 기댈 수
있는 아늑한 안식처로. 잃어버린 것이 아니라 아이의 인생 속에 잠시
빌려줬다. 거기서 영원히 머무르지 않고 다시 돌아와야 한다. 언젠가
는 빌려준 내 인생을 이자 얹어 다시 찾는다면 엄청난 재산이 되어있
을지 모른다.

뱁새와 황새

마음을 툭 터놓고 물어볼 수 있는 육아선배가 없었다. 책에서는 다양한 아이들의 보통수준만 나열해 놓고 있어 나의 상황에 대입하기가 어려웠다. 자연스레 인터넷 카페나 검색을 통해 육아지식을 쌓게 됐다.

아이가 커가는 과정에서부터 어떤 책이 좋은지, 수준에 맞는 놀이나 교육법은 무엇이 있는지. 내가 궁금한 모든 것을 물어보면 다 말해주는 도깨비 방망이 같은 인터넷이었다. 그 매력에 푹 빠져 아이가 잠을 자는 동안 열심히 인터넷과 놀았다.

검색을 하다가 많은 블로그를 방문했다. 수많은 육아블로그가 있었고 유난히 방문자수가 많은 곳은 소위 '파워 블로그'라는 곳이었다. 책 리뷰와 엄마표 놀이, 활동, 교육 그리고 아이를 위한 요리까지 없는 게 없었다. 그것을 보는 나를 주눅 들게 하기 딱 좋은 블로그였다. 살펴보면 그리 특별할 것도 없어 보이는 것도 예쁜 사진과 활짝 웃고 있는 아이가 있어 빛이 났다. '나도 해볼까?' 하는 생각이 들 정

여자는 육아로 성장한다

도로 별거 없는 게시물도 많았다.

벌이가 없으니 체험단 모집에 열을 올렸다. 체험단을 하면 자연스레 블로그에 게시물도 올려야 한다. 어렵사리 당첨된 체험단에 정성을 쏟았다. 아이를 설득시키고 웃는 표정을 카메라에 담았다. 아이를 찍으려고 샀던 카메라는 체험단 제품을 부각시키는 용도로 전락해버렸다. 아이가 있는 공간은 배경도 깨끗하게 하고 설정이 많이 들어간 모습을 연출하기도 했다. 아이의 얼굴은 그대로 인터넷에 노출이 되었고, 제대로 웃지 않으면 마음에 들 때까지 요구하고 사진을 찍었다.

물건을 체험하고 그것에 대한 평가를 하는 체험단에도 노력이 많이 필요했다. 공짜 제품을 받는 대신 나의 노력과 시간이 필요하다는 것도 깨달았다. '세상에는 공짜가 없다'는 사실을 체험단은 내게 알려줬다. 최대한 좋은 점만 부각시키고 비판은 가급적 금물이다. 내가 쓴 글 중 업체가 마음에 안 드는 부분은 삭제하고, 업체가 원하는 문구만 넣어야했다.

사람들이 많이 오는 블로그를 만들려면 매일 글을 올려야했다. 내가 쓴 글을 상위노출 시키려면 조회 수도 많아야했다. 이웃의 수가 많아야 했기에 무작위로 이웃을 맺었다. 자연스레 컴퓨터 앞에 앉아있는 시간이 길어졌다. 아이가 잘 때만 했던 컴퓨터를 재택근무라도 되는 양 아이가 깨어있을 때도 하고 있었다. 어느 순간부터 자신과 놀아주지 않고 엄마가 들여다보는 컴퓨터가 궁금해 다가오는 아이를 밀어내고 있었다. 주객전도가 됐다. '이건 아닌데'라는 생각이

들었다.

일일이 사진을 찍고 올리려면 그 정성이 대단해야했다. 그것을 모르고 쉽게 나도 할 수 있을 거란 생각을 했다. 어리석은 생각이었다. 몇 개의 게시물이 밀리면 귀찮음에 짜증도 났다. 컴퓨터 앞에 앉아 있는 내게 아이가 다가오면 그 짜증을 아이에게 내고 있었다. 무엇을 위한 체험단이었는지, 누구를 위한 인터넷 검색이었는지 새까맣게 잊고 있었다.

옛말에 '뱁새가 황새를 따라가다 가랑이 찢어진다'고 했다. 내 꼴이 딱 황새를 쫓아가는 뱁새의 꼴이었다. 아이에게는 상처만 준 것 같아 자책을 했다. 서서히 이웃을 끊었다. 아이의 얼굴이 들어간 것은 비공개로 돌렸다. 대신 내가 꼭 읽고 싶은 책의 서평단만 신청하고 당첨되면 서평을 썼다. 내가 할 수 있는 것만 하게 되니 시간도 많이 나고 알찬 서평도 쓸 수 있었다. 아이를 내치지 않고도 충분히 가능했다.

한동안 띄엄띄엄하던 블로그를 요즘 조금씩 하고 있다. 누구를 따라 '파워 블로거'가 되고 싶어 하는 것이 아니라 내가 좋아서 한다. 게시물에 진심을 다하면 이웃의 수도 자연스레 증가한다. 내가 읽었던 책의 80%가 도서관 대출도서였기 때문에 내용을 잊고 싶지 않아서 블로그에 기록했다. 한 권, 두 권 쌓이다보니 책 검색을 통해서 내 블로그에 들어오는 사람도 증가하고 있다. 책이라는 관심사를 통해서 서로 이웃을 맺게 되고 인터넷이라는 공간이지만 좋은 사람과의 만남도 이어진다. 예전의 내 모습과는 상반된다. 인위적으로 이웃을 늘리려고 했고, 가식적인 게시물을 올렸다. 진심은 사라지고 허영만 남았다. 아이를 위해 검색하고 정보를 알고 싶어 했던 마음이 변질되어 화려한 '파워 블로거'를 따라했다. 본질을 잃고 남은 것은 없었다.

많은 블로그를 보면서 나의 생각과 비슷한 사람들을 찾을 수 있다. 또래 아이를 뒀거나 교육관이 비슷하고 책을 좋아하는 사람이 대부분이다. 돈이 많이 드는 사교육을 선호하지 않고 소박하게 아이들을 위하는 사람도 많다. 그들과 소통하면서 나도 발전하고 그들도 진심을 다해 글을 올린다.

고등학생 이상 되었을 때부터 나는 '다른 사람이 하는 것은 꼭 한 번 해봐야 된다'는 생각을 가졌다. 대학도 다녀봐야 하고 해외여행도 가봐야 했다. 수영은 기본이고 겨울엔 스키장에도 다녀봐야 했다. '해도 후회, 안 해도 후회라면 하는 게 낫겠다'는 주의였다. 결혼도 해야 했고, 아이도 낳아야했다. 아이가 자라면 전교 어머니 회장도 해봐야겠다는 생각도 했다. 남들이 하는 것은 다 해야 했다.

중요한 것은 그 기준이 '남'이라는 것이다. '내'가 기준이 아니라 '남'이 기준이다. 나의 삶에 '다른 사람'이 들어와 그들의 뒤꽁무니만 쫓아가는 꼴이다. 운전을 할 때 앞 차만 보고 따라가는 경우가 있다. 일행이 목적지를 모를 때 앞에 가는 차를 보고 따라 오라고 한다. 목적지를 알고 가는 일이 가장 안전한 일임에도 그렇게 앞 차만 보고 따라가는 일이 종종 있다. 그렇게 앞 차의 뒤꽁무니만 보고 가다가는 사고가 나기 쉽다. 기준이 '내'가 되어야 주변을 살필 수 있고 위험도 감지할 수 있다.

아이가 자라는 동안 내가 먼저 세상을 살고 있는 어른으로서 아이를 올바르게 인도해줘야겠다는 생각이 많이 들었다. 남들이 하는 것은 다 해야 한다는 생각에서 조금씩 벗어났다. 사람들에게는 모두 자신만의 기준이 있고 때가 있다. 옆집 아들이 공부 1등 하는 방법을 우리 아들에게 적용시킨다고 우리 아들도 1등을 하진 않는다. 반대로 우리 아들이 잘 하는 분야를 옆집 아들이 따라한다고 해도 똑같이 잘할 순 없다. 프뢰벨이나 몬테소리가 사람 이름이라는 것은 아이를 낳고 나서야 알았다. 그냥 유명 도서 브랜드명이라고만 생각했다. 유치원 교사를 하는 친구는 그 분들의 이론은 이렇게 아이들에게 고가의 전집과 교구를 파는 일이 아니라며 열변을 토했다. 하지만 유·아동 출판사 판매원들은 '누구네 집은 이 전집을 다 들였는데 안들일 거냐'고 부추긴다. '이 전집들을 아이에게 보여줘야 뇌가 골고루 발달한다'고 초보 엄마를 자극한다. 나만의 기준을 갖고 올바른 판단을 하는 일은 어렵지만 중요하다. 비싸지만 책이 좋다면 중고로 구입을 해도 된다. 굳이 방문 선생님이 필요 없이 어차피 24시간 붙어있는 엄마가 곧 선생님이 된다. 교육을 잘 받은 선생님은 아니지만 선생님보다 나은 것은 아이와의 공감력이다. 남이 기준이던 내가 육아를 통해 스스로 내 길을 찾고 있다.

좋은 보약도 사람의 체질마다 효과가 다르게 나타난다. 무조건 맹신하다가는 돈도 잃고 건강도 잃을 수 있다. 모방이 창조의 어머니라고 하지만 '조건부 따라 하기'가 필요하다. 나에게 맞게 한 번 걸러보고 내 몸에 맞는 옷을 입어야한다. 내가 따라 하기 쉬운 것이 꾸준

여자는 육아로 성장한다

하고 쉽다. 황새를 따라 길게 다리를 뻗다가 가랑이가 찢어지는 대신에 몇 걸음 나눠서 가면 된다. 그 길이 지름길이 될 지, 돌아가는 길이 될지는 모른다. 소박한 블로거가 '파워 블로거'를 따라하려다 이웃도 잃고 아예 블로그를 접을 수도 있다. 이제는 그저 소박하게 블로그를 하고 비싼 전집 대신에 중고 책을 산다. 물려받은 옷을 깔끔하게 입히고 남는 비용을 미래를 위해 저축한다. 내가 가진 능력 안에서 나만의 방식으로 천천히 가고 있다. 이것이 황새와 다른 뱁새의 생존 전략이다.

책이 어떻게 아이를 키우나

인터넷으로 육아에 대한 방법을 검색하다가 알게 된 '책 육아'. 처음 그 단어를 보고 '책이 육아를 한다?' 아니면 '책으로 육아를 한다?' 또는 '책과 육아를 한다?' 등의 생각을 갖게 했던 단어이다.

'책 육아'는 보통 '아이에게 책을 많이 접하게 해주고 다른 사교육을 하지 않는 육아'로 많이 쓰인다. 유아시절 기관을 보내지 않고 책과 자연을 접하게 해주고 부모의 배려육아로 아이를 사랑으로 키우는 육아다. '책 육아'라는 단어로 인터넷의 파도를 여러 번 타보니 '푸름이'나 '하은이' 같은 아이들의 이름도 알게 되고 그 부모가 쓴 책도 읽게 되면서 '책 육아'가 어떤 것을 의미하는지 알 수 있었다.

아이가 원할 때 책을 읽어주는 일은 나도 진작 하고 있었다. 아이가 누워있기만 하는 시절에는 아이에게 말거는 일이 어색해서 책을 읽어줬다. 아이의 활동량이 많아질 때도 나가기 귀찮아 대부분 집에서 지내면서 책을 읽어줬다. 아이에게 책을 읽어주는 일이 '시간 때우기용'이 될 때가 많았다. 그러다보니 아이가 먼저 책을 꺼내는 일이

여자는 육아로 성장한다

많아졌다. 글은 알지 못해도 표지의 그림을 보고 자신이 원하는 책을 꺼내오는 일이 생겼다. 책과 다른 내용을 읽어주면 금세 알아차렸다. 아이가 그 책을 외우고 있는 것 같았다.

아이 둘이 각각 다른 책을 읽어달라고 가지고 올 때가 종종 있었다. 남편이 있으면 한 명씩 맡아서 책을 읽어주곤 했는데 없는 날은 혼자 난감했다. 꾀를 내어 둘째아이를 무릎에 앉히고 첫째는 내 옆에 앉혔다. 동시에 두 책을 넘기면서 글을 아는 첫째아이의 책을 읽어줬다. 두 페이지를 넘어가니 둘째가 나를 보며 말했다. "아니, 아니야~" 들켰다.

글을 몰라도 그 내용을 다 알고 있었다. '나를 바보로 아는 거 아냐?' 하는 눈빛의 둘째. 얼른 첫째 아이의 책을 다 읽어주고 둘째가 가지고 온 책도 읽어줬다.

사부작사부작 앉아서 하는 활동을 좋아하는 첫째 아이는 앉아서 내가 책도 많이 읽어주고 가위질도 하고 그림도 많이 그렸다. 자연스레 한글도 빨리 깨쳤다. 육아 전문가들이 쓴 육아서들을 보면서 한글도 6세쯤 돼서 가르쳐야지 하고 생각했지만 아이가 먼저 한글을 익히려 했다. 마트에 갈 때마다 서점에 들러 각 연령에 맞는 유아 학습교재를 구입했다. 갈 때마다 한 권씩 사서 풀고 익혔다. 다른 마트에 가면 또 다른 출판사 책이 있어 여러 권 구입했다. 아이는 신이 나서 교재를 사온 그날 바로 다 풀어버렸다. 아이가 하기에는 두꺼운 감이 있지만 즐거워했다. 그렇게 4~5개의 출판사에서 나온 유아 학습교재를 다 풀고 나니 아이는 한글을 다 쓸 수 있게 됐다.

반면에 둘째는 온 몸을 이용해서 활동하는 것을 좋아했다. 첫째가 풀었던 학습지도 겨우 줄긋기만 하려했다. 아이들은 스티커 붙이는 것을 좋아하던데 둘째 아이는 스티커 붙이는 것도 그리 흥미 있어 하지 않았다. 그저 자기가 고른 책을 읽어달라고만 했다.

어느 날, 퇴근 후 아이를 데리러 어린이집에 갔다. 둘째 아이의 담임선생님이 우리 아이가 글을 읽는다며 놀랍다는 말을 하셨다. 일을 시작한지 얼마 안 돼서 몸이 지치고 정신없어 아이가 한글을 아는지 모르는지 관심이 없었다. 그저 자기 전에 책을 읽어주는 일만 계속 하고 있었다. 그것도 책을 읽어주다가 내가 졸기 일쑤였다. 아이들은 그런 나를 쿡쿡 찌르면서 책을 몇 권 들고 나서야 잠자리에 들었다. 그랬는데 둘째가 한글을 혼자 익히고 있었다니, 고맙고 놀라웠다.

어린이집을 통해 소문이 났나보다. 둘째가 20개월에 한글을 알고 책을 더듬거리며 읽는다는 이야기를 다른 엄마들이 알게 됐다. 생일이 늦어 20개월이지만 4세 반이었다. 아이들을 데리고 집으로 오는 길에 같은 어린이집 엄마들과 우연히 마주쳤다. 둘째 아이가 글을 읽는다는 것을 재차 확인하고 "집에서 뭐 시켜요?"라고 내게 물었다. "책만 읽어주고 누나가 있어서 글이 빠른 가보다"고 얘기 하니 믿지 않는 표정이었다. "학습지 안 시켜요?"라며 의심하듯 다시 물어왔다. "학습지 받아보는 것 없다"고 말하고 돌아서는데 계속 의심하는 듯한 표정이었다.

4세 반에 아이를 보내고 있는 지인에게서 연락이 왔다. 한글 학습지를 추천해달라고 했다. 나는 학습지를 시킨 것이 없어 추천해줄 수가 없다고 했다. 하루에 한 권이라도 꾸준히 아이에게 책을 읽어주라고만 하고 말았다. 보통 장난감이 저렴해도 기본이 3만 원대다. 3만 원이면 저렴한 책을 몇 권 살 수 있고, 중고로 싼 전집도 살 수 있는 가격이다. 장난감은 잘 사주면서 책을 사는 데는 인색하다. 비싼 전집이 좋은 책일 것이라는 생각 때문인지 모르겠다. 유명 브랜드의 전집이 비싸서 보통 할부로 책을 산다. 비싸게 주고 산 책이라 아이들이 보지 않으면 조바심이 난다. 그런 브랜드에서는 방문 판매하는 사원이 고객을 관리하느라 주기적으로 연락이 온다. '지난번에 산 책과 다른 분야의 책도 필요할 것'이라며. 그런 말을 듣는 엄마들은 또 솔깃하다. 지난번 전집의 할부가 다 끝나기도 전에 또 할부로 다른 책을 구입하게 된다. 아이들에게는 부담스러운 책 값 때문이라도 책을 억지로 보게 한다. 당연히 아이들은 책에 질리게 되고 독후활동까지 하려는 엄마와 실랑이한다. 반면에 중고로 전집을 구입하면 그런 부담이 없다.

내가 주로 이용하는 중고 서점에서 '미개봉 새 책'을 주로 구입한다. 겉만 빛바램이 있는 책도 좋은 책이다. 빛바램이 있는 책도, 미개봉 새 책도 구입을 하면 그냥 거실에 둔다. 일주일이고 열흘이고 일단 발에 치이도록 둔다. 그러면 아이들이 오며가며 표지를 보고 궁금하면 펼쳐본다. 글을 알아도 아이들은 읽어달라며 책을 가지고 온다. 한 권을 일단 맛보면 다른 책은 그냥 따라 온다. 그렇게 책과 눈도장을 찍고 맛을 볼 때까지 기다리는 시간이 필요하다. 그 시간을 거치고 나면 아이들과 그 책들을 어디에 꽂아둘까 같이 의논하고 책꽂이에 자리를 잡아준다. 내 경험상 책이 비싼 만큼 엄마의 조바심이 더 커진다. 내 성격상 그 조바심이 더했으면 더했지 덜하진 않아 나와 아이들이 서로 편한 중고를 선호한다.

책 육아를 하는 사람들을 보면 보통 아이를 어린이집이나 유치원에 보내지 않는다. 당연히 엄마도 일을 할 수가 없다. 몇 년간 아이와 함께 보내는 시간과 정성이 참으로 대단하다. 나 같으면 몇 번이고 아이와 싸우고 견디지 못했을 것 같다. 그렇게 책 육아를 하고 있고, 했던 사람들이 쓴 책을 보면서 '나는 나쁜 엄마인가?'라는 생각도 했다. 둘째 아이까지 낳으면서 일을 접고 있었지만 첫째 아이를 어린이집에 보냈다. 책 육아에 대한 책을 보면 첫째 아이를 어린이집에 보내면 안 되는 것이었다. 엄마가 아이들과 놀이도 하고 바깥 활동도 하고 식사도 담당하는 슈퍼우먼이 되어야했다. 하지만 나는 차라리 아이와 떨어져 있는 시간이 나았다. 첫째 아이가 어린이집에 가있는 시간동안 둘째 아이와 귀한 시간을 보냈다. 첫째가 돌아오면 떨어져 있던 시간만큼 애틋한 감정이 생겨서 잘해주게 되었다. 오히려 내 성격상 계속 붙어있는 것보다 훨씬 나은 일이었다. 함께 붙어있으면서 아이에게 히스테리 부리지 않는 것이 더 아이를 위하는 길이라 생각이 든다. 대신 큰 이유 없이 아이를 '돌' 전에 기관에 맡기지 않으면 좋겠다. 건강이나 직장의 일이 아니면 엄마가 '돌'까지는 아이를 돌보는 것이 마지노선이지 않을까 싶다.

책 육아라는 뜻이 수학문제의 답처럼 딱 떨어지는 건 아니다. 내가 생각하는 대로 책과 친해지면 그게 책 육아다. 워킹 맘에게 아이가 밤새도록 책을 원한다고 책을 읽어주라고 할 순 없는 일이다. 각자의 삶에 맞게 책과 친해지면 그게 책 육아이지 싶다. 대신 공부 때문에, 공부를 잘 하는 아이로 만들기 위해서 책을 읽히는 일도 책육아일까 하는 생각도 든다. 내가 책을 사면서 '내가 왜 아이들에게 책을 읽히나?' 하는 생각도 많이 했다. 단순히 '좋아서'라는 답보다 진짜 내가 원하는 답을 찾기가 어려웠다. 책의 많은 장점 때문에 아이에게 책을 읽힌다는 단순한 답이 아닌 나의 속내가 나도 항상 궁금하다. 집에서 할 게 없고, 놀아주기 귀찮아서 읽어주기 시작한 책으로 인해 아이 둘 다 한글을 빨리 깨쳤다. 한글공부에 대한 스트레스 없이 한글을 익힌 것만 해도 나의 책 육아는 일단 성공했다. 지금은 그저 보고 싶은 책이 있다고 하면 사주고 정기적으로 도서관에 가는 일이 나의 책 육아다. 각자의 도서관 대출 카드로 읽고 싶은 만큼 책을 고르게 둔다. 만화책이든 동화책이든 그냥 빌려오고 같이 본다. 나도 모르는 지식을 한 번씩 툭툭 던지는 아이들이 귀엽고 대견하다. 나의 책 육아는 그저 책과 친해지는 아이로 만드는 것이 다인가 싶다.

엄마의 책 육아

　책 육아가 책과 친해지는 아이를 만드는 일이라면 엄마의 책 육아는 무엇일까?

　아이를 낳고 가장 절실했던 것은 육아방법이었다. 어디 육아학교라도 있으면 좋겠다고 생각할 정도였다. 사람들은 모두 아이를 낳고 키우면 바로 전문가라도 되는 것인지 육아법에 대해 배우는 사람도 가르치는 사람도 없어보였다. 육아 초보자로 육아에 입문하면서 입문서가 필요했다. 특별난 입문서가 아니라 그냥 육아서였다. 주변에서 추천해 주거나 선물해준 육아서를 읽었다. 0세 교육에 관한 것도 있었고 아이 심리에 대한 것도 있었다. 수면 교육과 수유 시간 조절에 대한 책도 있었다. 결론부터 말하자면 수면 교육과 수유 시간 조절은 책대로 했다가 애 잡을 뻔 했고, 다른 것은 그냥 읽고 넘어갔다.

　육아서를 최대한 많이 읽어야했다. 육아에 대해 알지 못하는데 아이는 내게 던져졌다. 업무를 파악하지도 못한 신입사원에게 큰 프로젝트가 주어진 꼴이었다. 취업준비생 시절부터 남들이 다가는 토익 학원이나 다니고 컴퓨터로 서류작성만 배운 신입사원 느낌이다. 어디로 튈지 모르는 육아라는 것은 매 순간이 긴장의 연속이고 끝나지 않는 프로젝트 같았다. 육아서를 계속 읽어야 하는 이유였다.

많은 육아서에서 공통으로 말하는 부분을 제외하고는 모두 나만의 방법을 찾아야했다. 책에 나와 있는 대로 100% 대입을 시킨다고 아이에게서 그대로 반응이 나오는 것은 아니었다. 이유식을 시작해도 된다는 생후 5~7개월도 우리 아이는 평균치를 벗어났다. 6개월에 시작했다가 실패를 하고 7개월의 끄트머리에 겨우 쌀미음을 시작할 수 있었다. 백일을 전후로 아이가 뒤집기를 한다고 했는데 160일이 넘어서야 혼자 뒤집었다.

전문가들이 쓴 육아서도, 엄마들이 쓴 육아서도 가리지 않고 읽었다. 읽으면서 배우고 공감했다. '나만 무지하게 육아라는 프로젝트를 맡은 것이 아니었구나' 하는 생각도 들었다. 육아서를 통해서 육아에 대한 기본기를 익혔다. 실질적인 것은 모두 내 상황에 맞게 바꿔서 대입시켜야 하는, 내가 제일 취약한 응용부분이 대부분이었지만 그건 실제 상황이었다. 이미 들어온 세계에 뒤늦게 이건 아니라며 발뺄 수 없는 노릇이었다.

육아서를 닥치고 읽다보니 육아서가 아닌 다른 책의 갈급함도 느껴졌다. 한두 권씩 다른 분야의 책을 읽었다. 육아서보다 진도도 느리고 쉽게 이해하지 못하는 책이 많았지만 한 번쯤 한식 대신 양식을 먹는 느낌이었다.

육아서를 읽으면 공통적인 것이 몇 가지가 나온다. 그 중 한 가지는 '책을 좋아하는 아이로 만들기 위해서는 부모도 함께 책을 읽어야한다'는 것이다. 당시 책을 읽고 있지만 대부분 아이들이 없는 시간을 주로 이용하고 있었다. 아이들이 어린이집을 간 낮 시간이나 잠을 자는 밤 시간 또는 직장에서 짬을 내어 읽었다. 아이들은 당연히 엄마가 책을 읽는 모습을 보지 못하고 있었다. 많은 육아서의 지침대로 부모의 책 읽는 모습을 아이들에게 보여주려 책을 들고 집으로 갔다. 솔직히 책의 진도가 나가지 않았다. 그저 아이들이 노는 옆에서 책만 펴놓고 귀는 아이들에게 열려있었다. 한 문장을 채 읽기도 전에 아이들의 호출에 책을 덮고 가야했다.

손에 늘 책을 들고 있을 수도 없었다. 꾀를 내어 내 동선에 맞게 책을 분배했다. 거실에 한 권, 식탁 위에 한 권, 소파 위에도 한 권. 아이들이 있는 곳에 가면 그 곳에 있는 책을 집어 들었다. 아이들끼리 집중해서 놀 때는 내가 낄 필요가 없었기에 한 페이지라도 책을 읽을 수 있었다. 몇 달을 그렇게 하다 보니 엄마는 당연히 책 읽는 사람이라는 인식이 잡힌 것 같았다. 일부러 아이들이 보이는 곳에 내 책을 꽂아두고 꺼내 읽는 모습도 보여줬다. 아이들도 엄마가 보는 책이 궁금한지 스르륵 펼쳐 보기도 하고 특이한 제목을 보고 자기들끼리 노래를 만들어서 부르기도 했다. 도서관에서는 내가 집에서 보던 책을 발견하고 "엄마 책이예요!"라고 말하기도 했다.

바쁘게 돌아가는 세상에서 디지털 기기는 생활의 편리함을 가져다준다. 책도 무겁게 들고 다니기 보다는 전자책을 이용할 수 있는

여자는 육아로 성장한다

시대가 이미 한참 되었다. 내가 원하는 책을 언제 어디에서나 볼 수 있는 유용한 전자책이다. 하지만 나는 아날로그식이다. 무거워도 종이책이 훨씬 낫다. 책만이 갖는 묵직함과 책을 처음 만났을 때의 그 느낌, 책의 냄새 등 모든 것이 전자책보다 종이책이 낫다. 집중해서 보는 편이라 전자책이 눈의 피로를 쉽게 주는 이유도 있지만 내가 만질 수 있고 느낄 수 있는 종이책이 좋다.

인터넷으로는 책 한 권을 읽어본 적도 없다. 옛날부터 내 몸은 이런 전자기기들을 오래 쓰지 못했다. 귓구멍에 맞지 않아 이어폰도 쓴 적이 없다. 계속 흘러내리니 여간 불편한 것이 아니었다. 귓바퀴에 걸쳐서 쓰는 이어폰도 있었지만 굳이 그렇게까지 쓸 필요는 없었다. 스마트폰이 있어도 내가 잘 활용하지 못해서인지 전자책은 재미가 없었다. 바쁜 출퇴근 시간에 전자책으로라도 책을 읽는 것도 좋지만 나는 종이책 한 페이지가 훨씬 깊은 여운을 느끼게 한다. 또 흔들리는 차 안에서 책을 보면 멀미가 나기도 한다. 그래서 출퇴근 시간에는 바깥 풍경을 바라보며 그저 멍 때리는 것이 나의 뇌를 쉬게 해주는 시간이 된다.

이런 내 스타일과 다르다면 전자책도 추천한다. 보지 않는 것보다는 전자책이라도 읽는 것이 낫다. 스마트폰으로 인터넷 가십거리만 찾아보거나 모바일 게임에만 접속하지 말고 전자책도 한 번 보길 바란다. 편하게 육아사이트에 접속해서 전문가의 조언을 요약한 글귀만 읽어도 도움 되지만 책을 보면서 내가 스스로 느낄 수 있는 시간을 갖는 것은 어떨까?

육아를 하면서 가장 강심장이라고 느끼는 사람은 아이를 키우면서도 책을 읽지 않는 사람이다. 궁금한 것이 없는지, 육아 조언자가 옆에 있는 건지 모르겠다. 육아에 대해 큰 고민을 하지 않는 건지도 모르겠다. 책을 읽지 않으면서 육아를 하는 비법을 알고 싶다. 나만 모르는 것인지 궁금하다.

어릴 때 동네에 출판사 방문판매 아저씨가 자주 왔었다. 80년대 주택가는 한 집에 여러 가구가 살았다. 동네 아줌마들이 모여 있는 집에 그 아저씨가 오면 엄마는 전집 한 질을 샀다. 예전에 봤던 책을 되팔고 새 전집을 사주시기도 했다. 종류가 많진 않았지만 전래동화, 디즈니동화, 과학백과, 위인전, 만화로 된 명작동화 같은 전집이 있었다. 그 책들을 몇 번이나 반복해서 읽고 초등학교 고학년이 되었다. 더 이상 집에는 새 전집이 들어오지 않아 내 용돈을 모아 초등학생용 창작동화를 사봤던 기억이 난다. 초등학교를 졸업하고 고입, 대입 시험을 준비하느라 책과는 자연스레 멀어졌다. 내가 돌아보면 가장 아쉬운 부분이 바로 이 시기였다. 청소년기에 책과 멀어지면서 더 발전할 수 있었던 독서력이 끊어진 것이다. 다시 책을 잡은 것은 20대 중반 돈을 잘 벌고 싶어서 재테크 책을 대량 구입했던 일이다. 그리고 육아로 인해 책을 더 찾게 됐다.

비록 육아를 배우고 싶어서 찾은 책이지만 많은 것을 배웠다. 아이가 하나의 인격체라는 것, 내 뜻대로 만들 수 없다는 것도, '나만 힘든 육아가 아니구나', '엄마가 되면 겪는 정체성 혼란도 다들 거쳐 가는구나'라는 것을 알게 되고 공감했다.

여자는 육아로 성장한다

책을 읽다보면 책이 내게 질문을 한다. '너의 꿈은 무엇이냐?'고. 나는 30세 안에 두 아이의 엄마가 되는 일이 꿈이었다. 다시 보니 그건 꿈이 아니라 내 계획이었다. 그 계획을 이루고 나니 폭풍 같은 육아가 몰아쳤다. 이건 내 계획에 없던 일이었다. TV 속에 나오는 엄마들처럼 그림같이 잘 할 줄 알았다. 꿈같은 건 꿀 시간도 없었다. 그런 내게 꿈이 뭐냐고 묻는 책들은 나를 다시 돌아보게 해줬다. 어릴 때 나 가질 수 있다고 생각한 꿈을 아이가 둘이 있는 아줌마가 되어 다시 꾸고 있는 것이다. 이것이 모두 책의 힘이다.

엄마의 책 육아는 엄마를 키우는 일이다. 아이를 위해서 책을 잡았지만 결국은 내게로 돌아온다. 엄마를 성장하게 만드는 시간이었다. 육아서든, 비 육아서든 상관없이 책의 힘은 엄청나다. 엄마가 독서하고 책을 읽는 가정에서는 아이들도 저절로 독서하고 공부를 한다. 책을 읽어라 독촉하지 않아도 자연스레 이뤄지는 일이다. 엄마와 아이가 함께 성장하게 되는 1석 2조의 좋은 표본이다. 이제 우리 아이들이 나처럼 독서력이 끊이지 않게 도와주는 일이 나의 숙제가 되었다. 중·고등학생 때 학과 공부 때문에 책을 지금보다 가까이 하진 않더라도 내가 언제든지 잡을 수 있는 동아줄이 되고 싶다. 엄마의 독서력이 끊이지 않는다면 그런 나의 책 육아도 끊이지 않으리라 믿는다. 오늘도 아이들 옆에서 책을 읽는 엄마의 모습을 일부러 보여준다. 엄마의 책 육아는 끝이 없다.

제4장

그래서
나 는
성 장
했 다

어른이 된 건가

'어른'은 다 자라서 자기 일에 책임을 질 수 있는 사람이라고 생각한다. 20살이 넘으면 성인이 된다. 어른도 20살만 넘으면 되는 걸까? 간혹 나이 60세를 넘겨도 어른이 안 된 사람도 많이 본다. 그래서 '어른'이라는 것이 책임을 질 부분도 많아지고 인격도 어느 정도 갖춰진 사람에게나 붙일 수 있는 무거운 이름이라고 느낀다.

집안 어른들은 결혼을 하게 되면 어른으로 대접을 해주시는 것 같았다. 배우자가 생기고 자신의 가정을 꾸리게 되면 예전에 비해 인정을 해주시는 느낌이었다. 하지만 배우자가 생겨도 철부지 아가씨의 마음은 결혼 전이나 후나 크게 변하지 않는다. 대신 출산이라는 과정을 거쳐야 한층 더 자라게 되는 것 같다. 오직 나의 도움이 필요한, 나만 바라보는 사람이 생기면서 그에 따른 책임이 무거워지는 일이기 때문이다.

단순한 육아는 먹이고, 입히고, 씻기는 등의 생활에 필요한 기본적인 것을 만족시키는 육아다. 엄마가 되면 기본은 진짜 기본이고 추

여자는 육아로 성장한다

가로 사랑, 책임감, 의무, 의지, 배려, 진심 등이 우러나는 돌봄을 하게 된다. 아무리 갑자기 엄마가 됐다고 해도 기본적인 것과 추가로 하나 정도는 갖게 된다. 그러면서 아이를 책임지게 되고 아이를 위해서 많은 것을 할 수 있게 된다.

아이가 나이를 먹으면서 나도 나이를 먹는다. 나이보다는 아이를 키우는 그 경력이 나를 더 성장시키고 있다. 귀찮은 존재라고 생각했던 아이들이 이 사회의 미래를 위해 꼭 필요한 존재이고, 그런 아이들을 지금 어른인 우리가 잘 키워야 한다는 생각도 한다. 예전엔 문제 아이를 볼 때 그 아이만 문제라고 생각도 했다. 허나 문제 있는 아이는 없다. 그저 문제 있는 부모가 있을 뿐이다. 길이나 마트에서 떼쓰며 구르는 아이, 훈육하는 엄마도 찌푸리며 보지 않게 됐다. 남의 시선을 의식하며 살던 내가 이제는 내면의 소리도 듣게 되었다. 이 모든 것이 아이를 키우지 않았다면, 힘든 육아를 경험하지 않았다면 생각할 수 없었던 일이다.

어릴 때 내 눈에 비친 어른들은 어린 내가 봐도 부족한 사람들이 많았다. 형제간에 시기, 질투, 다른 형제의 어려움을 고소해 하는 사람, 자기 가족만 중요하다고 생각하는 사람, 아이 앞에서 그의 부모를 욕하는 사람 등 아직도 나는 그들을 어른이라고 생각하지 않는다. 몸의 나이만 들어 겉으로만 할아버지, 할머니가 되었을 뿐, 내면은 아직도 어른이 되지 않은 사람들이다.

어릴 때부터 그런 사람들이 주위에 있었기 때문에 '나는 그러지 말아야지' 하고 생각을 많이 했다. 증오도 했었고 상대방을 이해하려는 노력도 했다. '왜 저렇게 삐딱하게 세상을 살까? 이기주의일까? 상대방을 생각하지 못할까? 저런 사람들을 과연 어른이라 할 수 있을까?' 수십 년간 그렇게 살아온 그들을 바꾸기는 어렵다. 대신 그들을 보면서 '나부터 그렇게 살지 말아야지' 하는 생각을 하게 됐다. 아이들에게 올바른 가치관을 심어주고 나도 또한 그렇게 살아가는 일이 먼저다. 자신은 옆으로 가면서 아이에게는 '똑바로 걸어라'고 하는 어미가 되지 말아야하는 일이다.

나는 성격이 급한 편이다. 뭐든지 빨리 해야 하고 어떤 일이 주어지면 그 일이 끝날 때까지 그것을 잡고 있다. 일하는 입장에서는 빨리 처리해서 좋은 일이다. 문제는 평소 생활에서도 나타난다는 것이다. 특히 첫째 아이가 느려서 조바심이 났다. 보통 아이의 발달에 맞게 딱딱 맞춰가며 아이도 성장하길 원했다. 물건을 찍어냈다면 분명 남들보다 빨리 찍어내려고 노력했을 것이다. 아이는 내가 만들 수 있는 물건이 아니라는 것을 알면서도 빨리 진행되지 않는 발달에 조급해했다. 그런데 아무리 내가 옆에서 조급해해도 아이는 자신만의 속도대로 자랐다. 그러고 보니 아이가 태어날 때도 예정일을 훌쩍 넘겨 유도분만을 하루 앞두고 태어났다. 뱃속에서부터 자기 속도대로 느긋하게 나왔던 아이다. 그런 아이를 붙잡고 빨리 안 한다며 나는 늘 조급해한다.

병아리가 알을 깨고 나올 때 어미닭이 밖에서 함께 쪼아준다. 이것을 '줄탁동시(啐啄同時)'라고 부른다. 어미닭은 절대 먼저 알을 깨주지 않는다. 안에서 병아리가 먼저 알을 깨기 시작할 때 그저 거들어

여자는 육아로 성장한다

줄 뿐이다. 내가 이 '줄탁동시'라는 말을 처음 알았을 때 '나 같으면 먼저 깼을 것'이라는 생각을 했다. 그만큼 성격이 급하다. 머리로는 참아야지 하면서도 손이 먼저 나가는 성격이다. 내 성격대로 따라주지 않는 아이를 보면서 걱정하고 조급해 했다. 그렇게 해도 변하는 것은 없는데 말이다.

첫째 아이와는 완전 딴판인 둘째 아이는 발달이 무척 빨랐다. 9개월을 가득 채운 어느 날부터 걷기 시작하더니 돌잔치 때는 혼자 이리저리 돌아다니느라 바빴다. 둘째라 그런지 말도 빨리했고, 글도 빨리 깨쳤다. 첫째 아이를 키우면서 옆에서 겨우 천천히 보조를 맞추던 내게 이 아이는 더 빨리 따라오라고 했다. 이렇게 빨리 가도 되나 싶은 생각이 들 정도로 두 아이의 속도가 달랐다.

이런 아이들을 보면서 급한 성격을 누르기도 하고 빠른 아이의 발을 맞춰 뛰어가기도 했다. 두 아이들을 통해서 사람마다 자신만의 속도가 있다는 것, 평균치는 말 그대로 평균일 뿐이라는 것도 알게 됐다. 어린 아이를 통해 세상이치의 기본을 깨달았다. 세상에는 완벽한 사람이 없고 그저 노력하는 사람이 완벽에 가까워진다는 것도 알았다. 아이가 없었다면 깨닫지 못했을 일이다.

'어쩌다 어른'이라는 말이 유행했다. 그 말을 딴 프로그램도 생겨날 정도다. 역시나 '어쩌다 어른'이 된 나도 이 '어쩌다'라는 말에 공감이 간다. '나' 없이 살던 내 삶에 갑자기 '어쩌다 성인'이 되었다. 아이가 생기고 그 아이를 책임져야 하는 '어쩌다 엄마'가 되었고, 나아가 '어쩌다 어른'이 되고 있다. 20살이 넘었을 때도 나는 내가 어른이라고 생각해본 적이 없었다. 지금도 내가 어른이라고 생각하진 않는다. 어른이 되어가는 과정이라고 생각한다. 그 과정에 아이들이, 육아가 있어서 어른이라는 말이 어쩌다가 붙어가는 것 같다.

내 안에는 아직도 아이가 산다. 엄마에게 기대고 싶고, 투정도 부리고 싶다. 엄마에게는 영원히 그래도 될 것 같다. 그런 아이가 항상 내 안에 있다. 겉으로는 전혀 그런 내색 비추지 않고 살지만 내면의 아이는 영원한 아이다. 몸만 자라서 '어쩌다 어른'이 되어 살아가는데, 참 부족한 면이 많다. 나를 보며 기대고 투정부리는 아이들을 온전히 품어주는 엄마가 되고, 아이들에게 부족한 엄마의 모습을 덜 보여주려 노력한다. 나도 아직 아이 같은데 내 아이들이 나를 어른으로 만들어가고 있다. 어쩌면 내가 어릴 때 보던 부족한 어른들도 '어쩌다 어른'이 되어 그랬던 것이 아닐까 싶다. 이제는 노인이 된 그들이 쇠약해지고 힘이 없어지면서 '어른 대접'을 받고 있다. 손자, 손녀까지 있는 그들이 집안에선 어른이긴 하나 과연 그 내면도 어른이 되었을까? 한참 어린 내가 쉽게 가늠하긴 어렵지만 그들도 그들만의 고충이 있었으리라 추측해 본다. 아직도 오직 아이들을 위해서 헌신하는 우리의 엄마들 같은 모습은 따라가지 못한다. 100% 헌신보다는 나도 발전하면서 아이도 잘 키우고 싶다. 부족한 사람이지만 부끄럽지 않은 사람으로 살고 싶다. 완벽하진 않지만 노력하는 사람으로 살고 싶다. 아이들에게 부끄럽지 않은, 어른이라 말해도 괜찮은, 그런 노력하는 어른이고 싶다. 하루를 더 살아도 이런 마음으로 살면 좀 더 성장하는 어른에 다가가지 않을까 하는 생각을 해본다.

여자는 육아로 성장한다

아이들과 눈을 마주하다

첫아이와 처음 눈을 마주친 날을 기억한다. 볼 때마다 눈을 감고 있다가 그날은 눈을 뜨고 있었다. 흰자위가 거의 보이지 않는 새까만 눈동자가 나를 정확하게 응시하고 있었다. 순간 '말을 걸어야하나?', '인사를 해줄까?' 하는 생각과 동시에 '겁'나고 '무섭다'는 느낌이 들었다. 나를 보지 않도록 다른 쪽으로 시선을 돌리게 만들었다.

부끄럽고 내가 부족하다 느낄 때, 뭔가 당당하지 못할 때 눈을 마주치고 말하는 것이 힘들 때가 있다. 그것은 아이와의 관계에서도 마찬가지였다. 아이를 내가 낳긴 했지만 모성애도 없었고 그저 내가 낳은 아이, 그 이상도 그 이하도 아니었다. 갓난아기는 눈으로만 보다가 직접 키우려니 어색해서 그랬는지 함께 있는 것이 어색하기도 했다.

어린 시절의 어느 날, 부모님이 대화를 나누는 모습을 옆에서 지켜봤다. 대화 내용보다는 궁금했던 것이 서로의 눈을 바라보며 말하는 것이었다.

"엄마, 왜 아빠 눈을 보고 말해?"

정말 궁금해서 물어봤다. 돌아온 대답은 "눈을 보고 말하지, 그럼 어딜 보고 말하냐"는 엄마의 핀잔을 받았다. 내가 듣고 싶은 말은 그게 아니었는데, 엄마의 꾸중 같은 말을 듣고 눈물이 나 다른 방으로 자리를 옮겼던 기억이 난다. 지금까지도 상대방의 눈을 보고 대화를 하면 항상 그런 기억이 먼저 난다. 어릴 때 나름 상처를 받았나보다.

아이와 눈을 처음 마주쳤을 때도 '이 아이가 진짜 사람이구나' 하는 생각과 그에 따른 책임감, 마주친 눈이 부끄럽고 뭘 해야 할지 당황했다. '애가 뭐가 무섭냐'고 생각하는 사람들이 많겠지만 그 때의 그 느낌은 이제껏 느껴보지 못했던 기분이었다.

워킹 맘으로 일을 하면서 바쁜 생활을 보낼 때, 아이들은 한참 성장하는 시기였다. 아기의 티를 벗고 유아로 접어드는 아이들은 항상 분주했다. 어린이집에서도 활동이 많았지만 집에 와서도 여전했다. 요리를 못해 저녁준비가 항상 늦었고, 그만큼 에너지도 많이 쏟았다. 저녁을 먹고 나면 두 아이의 점심 식판 때문이라도 설거지를 서둘렀다. 설거지에서는 남편보다 손이 빠른 내가 하는 것이 시간이 절약되어 주로 내 담당이었다. 빨리 설거지를 마치고 쉬어야겠다는 생각에 저녁식사 후 언제나 바로 설거지를 했다. 식사를 먼저 끝내고 놀이를 시작하고 있는 아이들은 엄마가 있는 부엌과 거실을 왔다 갔다 하면서 놀이의 진행사항을 알려주기 바빴다. 엄마도 와야 한다고, 뭐라 뭐라 말하는 아이들의 목소리는 그릇이 달그락거리는 소리, 물소리에 묻히기 일쑤였다. 키 작은 꼬마 아이가 아래에서 말하는 소리는 잘 들리지도 않았다. 여러 번 묻고 답하다가 내가 먼저 짜증난 소리로 "설거지 할 때는 잘 안 들리니까 저리 가서 먼저 놀아"라고 말하는 일이 잦았다.

아이의 말을 들어주라는 여러 육아서를 읽었지만, 실생활에서는 별로였다. 책만 읽고 실천이 없으면 책을 읽으나 마나이다. 마음만 친절하고 겉은 투덜댄다면, 아무도 책을 권하지 않을 것이다. 문득 남편과 아이들이 노는 모습이 눈에 들어왔다. 그곳에는 엄마는 없었다. 아이들은 엄마의 자리를 비워놨지만 엄마인 내가 들어가기를 원하지 않았다. 지금 설거지가 중요한지, 아이가 중요한지 비교할 수 없는 것을 스스로 저울질하고 있었다. 부끄러웠다. 육아서를 모두 불태워버리든지, 다시 한 번 밑줄을 그으면서 읽든지 해야 할 것 같다. 책을 읽기 전에 우선 설거지를 중단하고 고무장갑을 벗어던졌다. 다가오는 아이의 눈높이에 맞춰서 무릎을 꿇었다. 그리고 아이와 눈을 맞췄다. 아이는 엄마에게 신나게 말을 했다. 손을 잡아끄는 아이의 손을 잡았다. 드디어 비워놨던 내 자리에 들어가 함께 시간을 보냈다.

비록 밤새도록 설거지는 쌓여있고, 몸은 피곤했지만 마음은 즐거웠다. 아이와 함께하는 시간이 짧다고 자책만 하는 워킹 맘이 아니라 짧은 시간도 알차게 보내는 지혜로운 워킹 맘이 된 것 같았다. 엄마, 아빠와 놀기 위해서 늦은 시간까지 잠을 자지 않으려하는 아이들이 짠하기도 했다. 한참을 놀다가 씻고 자기 전에 책을 읽어주는 일이 하루 일과의 끝이었다. 아이들의 책을 읽어주면서 피곤에 지친

나는 꾸벅꾸벅 졸기도 했다. 그런 나를 보고 첫째 아이는 "엄마 이제 그만 자러 가자"고 말하기도 했다. 미안하게끔.

화장도 지우지 못한 채 아이들과 함께 잠자리에 들어 아이들을 재웠다. 잠자리에서 옛날이야기, 끝말잇기를 하며 잠이 쉽게 들지 않는 아이들과 시간을 보내다 보면 내가 먼저 잠이든 날도 많았다. 그러다 문득 새벽에 눈이 떠진다. 새벽 2~3시경이다. 어느 날은 한참을 자다가 동이 틀 때 일어나서 지난 저녁의 설거지를 하고 아이들의 도시락 식판을 씻어놓기도 했다. 설거지는 때가 없어도 가능하지만 아이들의 때는 그 때 뿐이라고 뒤늦게 느꼈다.

패밀리 레스토랑이 생기기 시작하던 시절, 테이블 옆에서 무릎을 굽히고 주문을 받는 서버의 모습이 낯설었다. 고객의 눈높이에서 서비스를 한다는 취지였는데, 낯선 서버와 눈을 맞추는 일이 어색하기만 했다. 그런 서비스는 점점 다른 곳에서도 만날 수 있었고, 지금은 어색하지 않다. 아이와의 눈높이를 맞추는 일도 똑같은 것 같다. 식당에서보다 더 눈을 마주하기 쉽다. 아이와 1 대 1로 눈을 마주하며 대화를 나누면 그 마음까지도 보이는 듯하다. '눈은 마음의 창'이라는 말이 괜히 나온 말이 아니다.

아이들의 눈높이에 맞게 무릎을 꿇고 눈을 맞추다 보니 다른 것도 눈에 보인다. 예전에는 내가 무릎을 꿇고 아이와 눈을 맞춰도 내가 더 커서 높이를 낮춰야했다. 아이가 자라면서 이제는 같은 자세라도 내가 살짝 아이를 올려다봐야 된다. 아이의 키가 자라는 것을 눈높이로 알 수 있게 됐다. 아이의 키가 자라면서 예전만큼 엄마를 찾

여자는 육아로 성장한다

지 않는다. 자기만의 세계가 생기고, 집중하며 노는 일에 괜한 방해가 될까봐 약간 떨어진 곳에 엄마의 자리를 잡는다. 최근의 문제는 내가 책을 읽을 때도 있지만 스마트폰을 잡고 있는 시간이 길어졌다는 것이다.

사실 스마트폰을 갖게 된 일이 그리 오래되지 않았다. 구형 폰을 갖고 있다가 스마트폰을 갖게 되니 신세계가 따로 없었다. 접속하면 친구들과 함께 하는 모바일 게임을 할 수도 있고, 돈이 들지 않는 메시지를 수백 개 보낼 수도 있다. 아이의 사진을 무거운 카메라 대신 간편하게 찍을 수도 있고, 그 사진을 다른 사람에게 쉽게 전송할 수도 있다. 스마트폰이 한참 대중화되기 시작할 때 아이를 낳은 산모들의 말을 들어보면 수유시간에 모두들 폰으로 아이 사진을 찍기에 바쁘다고 한다. 수유는 나중의 일이고 사진부터 찍고 본단다. 수유시간에 찍은 사진이 없는 나는 '참 좋은 세상이다'라며 격세지감을 느끼곤 한다.

이렇게 편리한 스마트폰이 또 나의 방해물이 될 줄이야. 기껏 설거지를 미루고 있는 내게 약간의 공백이 있는 시간을 스마트폰이 채우고 있다. 물론 아이들이 있을 때 모바일 게임은 하지 않고 참지만 수시로 울려대는 메시지는 무시하지 못한다. 메시지를 확인하고 보내고 하는 일도 에너지가 많이 소모된다. 확인하고 보내는 시간은 짧지만 온통 신경이 그쪽으로 가 있어 아이와 함께 있어도 정신은 폰에 향해있다. 당연히 아이들도 스마트폰에 무엇이 있는지 궁금해 하고 만져보고 싶어 한다.

아이들과 말을 할 때도 눈은 폰을 향해있다. 메시지를 확인하거나 인터넷에 접속하거나, 필요한 물건을 구입하는 일도 모두 스마트폰 하나로 가능하다. 내 손안에서 많은 일을 처리할 수 있으니 그만큼 눈을 붙이고 있는 일도 많아졌다. 옆에서 아이가 놀 때 슬쩍, 책을 보는 척하며 슬쩍 접속한다. 중독성이 강해 '아이와 있을 때는 하지 말아야지' 하고 마음을 먹지만 쉽지가 않다. 괜히 죄책감만 늘어난다.

아이들은 진심을 다해 엄마와 아빠를 대한다. "엄마, 이것 좀 보세요" 하는 말을 많이 듣는다. "보세요"라는 말이 주 핵심이다. 다른 것에 눈 돌리지 말고 제발 좀 보라는 것이다. 알고 있지만 자꾸 눈이 다른 곳으로 간다. 스마트폰을 버리고 구형 폰으로 다시 바꿀까 하는 생각이 들기도 한다. 100% 진심을 다하는 아이들에게 과연 나는 몇 %의 진심을 주고 있는지 생각해본다. 이렇게 부족한 엄마는 항상 고민이다. 매년 새해의 결심에 '아이들이 있을 때 폰 멀리하기'를 적고 있지만 실천이 부족하다. 나와 같은 고민을 하는 엄마들이 있다면 함께 노력해보자. 나도 당신도. 누구를 위해? 나에게 100%의 진심을 말하는 우리 아이들을 위해!

여자는 육아로 성장한다

아프지만 말아라

어릴 때부터 아픈 곳 많던 나와는 달리 첫째 아이는 건강했다. 아빠의 건강한 유전자를 많이 타고 나길 바라고 기도한 덕인가? 아니면 모유수유 때문인가? 모르겠다. 태내의 면역력이 떨어진다는 생후 6개월까지는 가벼운 감기조차도 하지 않고 지나갔다.

반면에 당시 어린이집을 다니던 첫째 아이의 영향으로 둘째 아이는 태어난 지 3주도 안 돼 감기에 걸렸다. 첫째도 감기에 걸려 있던 터라 어린 동생에게도 전염이 된 모양이었다. 생후 20일이 되던 날 동네 병원을 갔고, 그 다음날 큰 병원을 가보라는 소견이 나왔다. 근처 큰 병원에선 초기 폐렴이라며 신생아 입원실에 자리를 마련해놓을 테니 일단 3일 동안 지켜보고 입원을 시키라고 했다. 이제 태어난 지 21일째 되는 아이가 그 차가운 X-ray 검사대 위에 누워서 낯선 환경에 울고 있고, 아이를 잡고 있는 나도 눈물이 났다. 입원을 시켜야 할지도 모른다는 불안감에 잠든 아이의 그렁거리는 숨소리에도 나는 잠이 깼다.

다행히 3일 동안 많이 호전되어 아이는 약만 먹고 나았다. 아이들이 그나마 이 정도만 아파줘서 참 고마웠다. 이후에도 독감에 걸려 타미플루를 먹은 적도 있었지만 약만 먹고도 나았으니 그보다 더 고마운 일이 있을까?

한참 일을 하다가 첫째 아이의 입학을 앞두고 일을 쉬게 됐다. 얼마 후 첫째 아이가 열이 났다. 평소 가는 병원에서는 계속 지켜보자는 주의였으나 4일이 넘도록 고열이 지속되어 마음에 걸렸다. 아동병원을 가서 검사를 했더니 무슨 바이러스에 걸려 당장 입원을 권유했다. 오랜 시간 지속된 고열이 우려된다는 것이다. 아이의 첫 입원이었다. 5일의 입원기간은 새로운 경험이었다. 그동안 주변 지인들의 입원기를 자주 들어서 아이들의 입원은 그리 낯선 일이 아니었다. 그래도 이렇게 몸소 체험해보니 입원하는 일이 보통 일이 아니라는 것을 알게 됐다. 그나마 내가 일을 쉬고 있을 때 이런 일이 생겨서 다행이었다.

둘째도 같은 증상이 보였으나 심하지 않아 약 처방만 받았다. 둘다 그 정도만 아파줘서 이번에도 고마웠다. 신생아인 둘째가 아팠을 때는 보고 있는 내가 더 힘들었다. 차라리 내가 아프면 좋겠다는 생각을 했다. 콧물 때문에 잠이 들지 못하고 낑낑거리는 아이의 자세를 이리저리 바꿔주는 일만이 내가 할 수 있는 일이었다.

나도 어릴 때 참 많이 아팠다. 선천성 사경으로 3살 때 수술도 했다. 감기뿐만 아니라 7살 때는 스트레스성 두통으로 당시 의료보험도 안 되는 고가의 비용으로 CT도 찍었다. 얼굴의 한쪽이 마비되는 벨마비, 무릎의 연골연화증, 원인불명의 피부병까지 한의원부터 대학병원까지, 유명하다는 시골의 이름 모를 병원까지 찾아다녔다. 그래서인지 친정 엄마는 내가 아프다는 것에 민감하셨다. 그동안의 치료비만 모아도 대학교 4년 학비는 충분히 나올 것이라는 말씀도 하셨다. 그만큼 아이가 아픈 것은 내가 아픈 것보다 더 치료가 절실해진다. 친정 엄마도 아픈 곳이 많지만 내가 아플 때만큼은 당신의 치료보다 내가 더 우선이었다.

가끔 아픈 아이들에 대한 기사를 접한다. 아이들이 희귀병으로 아프지만 형편이 어려워 치료비를 모금해야하는 상황이 많다. 아이나 어른이나 아프면 다 힘들지만 자라나는 아이들이 아픈 것은 더 마음이 아프다. 친구들은 학교에서 뛰어 놀고, 공부도 하고, 여럿이 어울려서 급식도 먹는 소소한 일들이 환아에게는 큰 소망이 된다.

언젠가 육아 일기를 쓰는 사이트에서 우연히 한 엄마의 일기를 보게 됐다. 전체 공개된 그 일기는 많은 엄마들의 응원을 받고 있었다. 호기심을 갖고 보니 그녀의 둘째 아이가 대학병원의 인큐베이터 안에서 힘든 싸움을 하고 있었다. 엄마도 산후조리가 필요한 시기였지만 아이를 보기 위해 매일 면회를 다녀오고 일기를 쓰고 있었다. 몇 주간 응원을 하면서 지켜봤다. 결국 아이는 먼저 하늘나라로 향했고, 그 엄마는 남아있는 첫째 아이를 보면서 몸과 마음을 추스리고 있었다.

아이가 하늘나라로 갔다는 일기를 읽는 순간 먹먹해졌다. 일을 마치고 어린이집에서 만난 아이들을 다른 날보다 더 힘껏 안아줬다.

내 곁에 있는 것이 이토록 소중하고 고맙다고 다시금 느꼈다. 내가 힘들어도 아이들이 곁에 있는 것에 감사해야 하는 일이라고 더 많이 느끼게 되는 시간이었다. 많은 부모들이 힘든 상황 속에서도 더 힘을 내고 열심히 살아가는 이유가 바로 곁에 있는 아이들 때문이라는 말도 이해할 수 있었다.

몇 년 전, 아들이 엄마를 살해했던 일이 사회를 들썩이게 만들었다. 그 아들은 공부도 잘하고 착한, 평범한 모범생이어서 충격이 더 컸다. 수사를 하면서 밝혀진 살해 동기는 씁쓸했다. 이혼 후 혼자 아이를 키우던 엄마는 아이가 공부를 잘 하도록 노력했다. 그 노력이 점점 도가 지나쳐 원하는 성적이 나오지 않으면 아이를 때리고, 방에 감금하고 굶기기까지 했단다. 그런 스트레스가 이 아들에게 쌓이고 쌓여 엄마와 말다툼 끝에 그러한 비극적인 일이 일어난 것이다. 아이를 이렇게 극한 상황에까지 몰고 간 엄마도, 그런 선택을 한 아들도 안타깝다. 쥐도 궁지에 몰리면 고양이를 문다고 했다. 아들의 마음을 읽어주지도 않은 채 계속 다그쳤던 엄마, 자신의 마음을 누르면서 그 때까지 참고 있었던 아들도 모두 피해자이고 가해자이다.

공부에 지쳐서 스스로 목숨을 끊는 아이도 많아지고, 사고가 그릇되게 바뀌는 아이들도 많아진다. 학원이 많기로 유명한 강남의 한 동네에서는 '학원이 한 곳 생길 때마다 소아정신과도 한 곳이 개원한다'는 말이 생길 정도라고 한다. 공부가 과연 누구를 위한 일일까 다시금 생각해보는 대목이다.

아이가 본격적인 입시 공부에 들어가지 않아서 이런 생각을 하고

여자는 육아로 성장한다

있는지도 모른다. 남들 따라가다가 가랑이가 찢어질까 우려돼 내 형편에 맞는 현명한 선택을 하려 노력한다. 아이가 어릴 때부터 사교육에 끌려 다니지 않고 내가 선택하는 사교육을 하고 싶어서 관련 사이트나 책을 많이 찾아본다. 작년에도 '사교육걱정없는세상'이라는 단체에서 하는 교육을 들으며 제대로 된 사교육, 우리 아이에게 필요한 사교육을 더 알아나가야겠다는 생각도 했다.

중학생 딸을 키우는 친구는 아이가 초등학생 때 6년간 영어 학원을 보냈단다. 그만큼 효과도 있다며 아이는 좋은 학원이 많은 지역에서 키워야한다고 했다. 아직 내 아이가 그 연령대와 비슷하지 않아 그 말이 잘 와 닿지 않는 건지 모르겠다. 전업 맘의 아이, 워킹 맘의 아이 할 것 없이 아이의 학원은 이제 필수가 되고 있다. 놀이터에 친구들이 없어서 학원을 간다는 아이들의 말이 괜한 말이 아니다. 실제로 우리 동네 놀이터에도 생각만큼 아이들이 많지 않다.

아무리 공부가 중요하고 입시가 중요하다고 해도 그 우선은 건강임을 잊지 말아야한다. 아이를 다그치다가도 한 번 아프면 '제발 낫기만 해 달라'고 기도한다. 돈과 명예를 잃는 것보다 건강을 잃는 것이 모든 것을 잃는다는 말도 있지 않은가? 태중에서도 건강하길 바랐고, 태어날 때도 건강하기만을 바랐다. 앞으로도 또한 건강하길 바란다. 아이들을 건강하게 키우기 위해 나름의 노력을 한다. 체중이 증가하지 않도록, 가공식품보다는 느려도 내가 해먹는 음식으로, 건강차를 챙겨먹도록 노력한다. 먹거리에서는 누구보다도 부족한 면이 많지만 의식을 가지려 노력하고 있다.

어린 아이들을 두고 세상을 뜨는 엄마들을 보면 참 마음이 아프다. 우리 아이들을 위해서라도 내 건강을 챙겨야 한다. 아이가 건강하게 크는 모습을 아프지 않고 지켜보기 위한 노력도 필요하다. 공부를 주입시키기 보다는 함께함에 더 감사하는 내가 되고 싶다. 아이를 위한다는 일이 나의 대리만족이 되지 않길, 그것을 경계하며 몸과 정신이 건강한 나와 아이들이 되길 바란다.

여자는 육아로 성장한다

나는 엄마다

어린 나이에 엄마가 된 사람들을 보게 된다. 이유는 다 제각각이지만 남들은 한창 자기만 아는 나이에 한 아이의 엄마가 되고 씩씩하게 살아간다. 따뜻한 가정을 꾸리는 경우도 있고, 혼자서 아이를 키우는 용기 있는 엄마가 되기도 한다. 그런 사람들을 보면서 '참 대단하다'고 할 수밖에 없다. '과연 나 같으면 내 삶을 포기하고 저런 선택을 할 수 있었을까?'라는 생각도 앞선다.

그녀들도 처음에는 당황하고 적잖은 마음고생을 했으리라. 그러나 엄마가 되기로 마음먹은 그 순간, 보통 엄마들보다 더 강한 엄마가 된 것이 아닐까 싶다. 몇 년 전 어떤 다큐를 봤다. 불안정한 가정을 떠나 밖에서 생활하던 그녀는 한순간의 실수로 인해 교도소에 수감됐다. 복역 중 자신의 임신사실을 알게 됐고, 배가 불러왔다. 남자친구는 그 소식을 듣고 연락을 끊었고, 복역기간 중 아이를 낳고 교도소의 배려로 아이와 함께 지내게 된다. 하지만 아이는 18개월이 지나면 더 이상 교도소에서 함께 지내지 못하고 시설로 옮겨진다. 생이

별을 앞둔 그 어린 엄마는 모범수 석방을 신청하게 되고 다행히 받아들여져 아이와 함께 사회로 나오게 된다. 그 후 아이를 위해 열심히 살아가는 어린 엄마는 오직 아이에게 부끄럽지 않기 위해 열심히 생활한다. 교도소에 있을 때 아이가 밖에 나오고 싶어 배식구로 발이며 얼굴을 내미는 모습은 같은 엄마의 입장에서 무척 안타까웠다. 영치금을 오직 아이를 위해 아껴 쓰던 어린 엄마의 모습도 짠했다.

'엄마이기 때문에' 어린 그녀는 열심히 산다. 그녀를 보면서 같은 상황의 나라면 아이가 생겼다는 것을 알았을 때, 또 아이를 낳았을 때 저런 선택을 할 수 있었을까 싶었다. 아이가 내게 짐이 될 수도 있는 상황에 준비 안 된 엄마로서 제대로 된 판단을 할 수도 없었을 것 같다.

그런 엄마들도 있는데, 나는 과연 어떤 엄마인가 싶다. 임신육아교실이라며 쫓아다닌 행사는 그저 삼삼오오 모여 경품을 받기에 급급했고, 혼자 집에 있는 것이 심심해서 다닌 '시간 때우기용'이었다. 육아에 관한 책을 읽으면서 혼자 뿌듯해하고, 책만 읽음으로서 자신만만해 했다. 그것으로 육아에 대한 준비를 마쳤다고 생각했다.

막상 아이를 낳고 보니 육아 학교가 있다면, 엄마 자격증이 있다면 나는 낙제이거나 겨우 턱걸이를 할 정도였다. 헌신적이지도 않고, 부드럽지도 않았다. 말 못하는 아이에게 신경질이나 내는 그런 엄마였다. '초보엄마'라는 이름하에 그런 실수투성이들을 숨기고 싶었다. 다른 이들에 비하면 아이 키우기 좋은 환경이었음에도 나만 힘들다고 투덜거렸다. 부족한 살림이었지만 출산 후 한 달 동안 남의 도움을 받았고, 남편의 도움도 많이 받았다. 아이가 자주 아프지도 않았다. 그래도 아이와 둘만 있는 시간을 어떻게 보낼지 몰라 우왕좌왕했다. 아이가 항상 잘 놀고, 잘 먹고, 잘 웃기만 하는 그런 존재가 됐으면 했다. 그래야 내가 덜 힘들 테니까.

'여자는 약해도 엄마는 강하다'는 말이 있다. 나의 엄마, 친정 엄마가 딱 그렇다. 어려워진 형편에 아이 셋을 키우기 위해 자존심도 구긴 채 살았다. 건물 청소를 하면서 몇 푼 안 되는 돈으로 한창 성장기인 아이 셋을 키우는 데 얼마나 부족함을 많이 느꼈을지. 그런 엄마를 이해하지도 못하고 엄마가 청소한다는 것을 누구에게도 말하지 않았다. 부끄러웠던 것이다. 이제는 그런 엄마가 대단하고 존경스럽다. 또 미안하다. 이해하지 못해서.

그런 엄마에 비하면 나는 아직도 여자와 엄마 사이에서 내 자리를 찾지 못하고 있다. 나는 겉으로는 이미 엄마이지만 마음은 그냥 여자이고 싶은가 보다. 그러니 아이들이 힘들게 한다고 불평만 더 앞선다. 친정 엄마도 한 명의 여자였지만 내게는 온전한 엄마로 살았다. 지금 우리 아이들이 나를 봤을 때도 '온전한 엄마'일지 의문이다. 나의 엄마만큼 아이들을 위하는 모습일까?

20대 중반에 봤던 엄마에 관한 영화가 몇 편 있었다. '플라이트 플랜', '오로라 공주', '마더'와 같은 영화들은 모두 아이를 지키기 위한 또는 아이의 복수를 위해 움직이는 엄마가 주인공인 영화다. 세 영화 모두 혼자 아이를 키우는 엄마가 나온다. 그만큼 아이에 대한 애정이 남다르다. 아이를 더 지켜야 할 이유가 있고, 더 강한 엄마가 되어야 했다. 영화를 보는 내내 나와 영화 속 엄마를 동일시하며 내가 '저 엄마라면…' 하는 생각이 영화가 끝나도 사라지지 않았다. 내 아이에게 나쁜 일이 생겼을 때 아이를 위해 이 한 몸 던질 수 있을까? 그러다 지쳐 아이를 구하지 못했다는 죄책감으로 살진 않을까? 현실적인 질문을 던지게 만든 영화들이었다.

영화 같이 극한 상황이 아니라도 살아가는 현실에서 엄마의 도전은 계속 된다. 어린이집에서 친구에게 맞거나 상처를 받은 일, 놀이터에서 모르는 아이에게 밀리거나 당한 일 등 외부에서 내 아이에게 상처를 준 일들을 어떻게 처리해야 할지, 어떻게 하는 것이 우리 아이를 위한 일인지 고민하게 만든다. 집에서 내가 아이에게 스트레스를 주는 일도 마찬가지다. 아이의 엄마라는 사람이 아이에게 스트레스를 주고 있다. 잔소리든 눈치 보게끔 만드는 분위기든 엄마가 만들어낸 일이다. 엄마도 사람이라고, 기분이 있다고 말을 하지만 노는 데 집중해 흥분상태인 아이들에게는 들리지 않는다. 결국 엄마는 화를 내고 기분 좋던 아이들을 눈치 보게 만든다. 다른 누군가가 내 아이들에게 그렇게 한다면 가서 말릴 일이다. 그것을 엄마인 내가 그렇게 하고 있으니 참 기가 막힌 일이다.

아이를 낳는 일이 엄마가 되는 일은 아니다. 엄마가 되는 문을 겨우 열었을 뿐이다. 어느 날 나는 엄마가 되는 문을 열었다. 나를 엄마라고 부르는 아이가 있고, 나의 위치도 변해가고 있었다. 사회에서는 나를 워킹 맘이라 불렀고, 모르는 아이들은 내게 아줌마라고 불렀다. '누구 엄마'라는 호칭도 내 이름을 대신하고 있었다. 아이 하나

여자는 육아로 성장한다

로 인해 온 우주가 나의 위치를 변화시키고 있었다. 그에 맞춰 나도 변해가고 있었다. 어느 곳을 가도 수유할 곳을 먼저 눈에 익혀놓거나 아이를 먹일만한 메뉴가 있는지 살핀다. 아이가 편하게 놀 수 있는 곳을 가길 원했고, 아이의 배를 불려놓고 다 식은 밥을 먹는 일이 흔해졌다. 요란한 시내의 밤을 잊은 지 오래였고, 아이의 몸에 상처가 날까봐 반지나 목걸이도 하지 않았다.

변화하고 있는 나를 발견했다. 아직 아가씨인 친구들과 만나면 점점 공통주제가 사라지고 있었고, 혼자 멀리 떨어져 있는 듯했다. 나만을 위한 잠깐의 시간도 귀한 보석같이 느껴졌다. 어딜 혼자 나가면 왠지 허전함을 느끼고 꼭 아이가 부르는 느낌도 든다. 그럴 때 '나도 어쩔 수 없는 엄만가 보다'라며 귀갓길을 서두르게 된다.

'나는 엄마다'

모든 것이 함축되어 있는 말이다. 예전의 우리 엄마들보다는 못하지만, 아이에게 최선을 다하는 엄마가 되길 노력한다. 엄마이지만 나를 찾고 내 모습을 유지하는 엄마이고 싶다. 아이들끼리 은근히 엄마들을 비교한다는 말을 듣고 아줌마 같은 모습이 안 되도록 노력도 하고 있다. 예쁘지는 않아도 펑퍼짐하지 않게, '아가씨 같다'는 말을 들을 수 있도록 밝게 염색도 한다. 친구 같은 엄마가 되고 싶어 아이들이 좋아하는 아이돌 노래를 찾아 같이 듣기도 한다. 아이에게만 공부시키지 않고 같이 공부하는 모습도 보여준다. 어쩔 수 없이 세대차이가 나긴 하지만 많은 것을 공유하고 나누고 싶어 한다.

출산으로 엄마가 되는 문을 열었다면 이제 열 계단쯤 올라온 것 같다. 무지 가파른 3~4개의 계단을 힘겹게 올라와 지금은 그에 비해 낮은 계단을 오르고 있다. 또 한 번 힘겨운 계단을 오를 것을 대비해 아이와 함께 발맞추려 노력한다. 엄마가 되지 않았다면 열지 않았을 문을 열고 이제껏 살던 세상과 완전 다른 세상을 살고 있다. 세상을 보는 눈도 바뀌었다. 낮에 카페에 앉아 커피를 마시는 팔자 좋은 여자들이 아이들을 유치원 보내고 겨우 숨통 틔우고 있는 엄마들이라는 것을 안다. 노키즈존(no kids zone)만 찾아다니던 내가 노키즈존이 아닌 곳을 찾느라 애를 먹는다.

이게 다 '나는 엄마'이기 때문이다.

정답은 없다

'비교'는 둘 이상의 사물을 두고 유사점, 차이점 등을 견주어 보는 일이다. 사람과의 비교는 유사점보다는 차이점을 주로 견주고 상처를 주기 쉽다. '친구는 명품백이 있는데, 나는 없다'부터 시작해 남편과 아이들을 비교하며 스스로 속상해하고, 가족을 힘들게 하게 된다. '엄친아', '엄친딸'이라는 말도 '엄마 친구 아들, 딸'과 비교하며 나보다 잘난 그들을 일컫는 말이 되어버렸다.

사람은 모두 다른 존재이다. 그것을 모르는 사람은 없지만 대부분 비슷한 길을 가길 원한다. 사람의 인생에서 A=B라는 공식이 성립하진 않는다. A는 A이고, B는 A가 아닌 B 자체이다. 올바른 비교를 한다면 A와 B가 다르다는 것을 인정해야 한다. 다르다고 인정하며 좋은 점이 있으면 본받을 수 있는 것이 바른 예이다. 첫째인 딸과 둘째인 아들은 항상 경쟁하며 누가 더 잘하는지 부모에게 듣길 원한다. 블록이나 그림으로 작품을 만들고 누가 더 잘했는지 평가를 요구한다. 엄마인 내 눈에는 아기자기하고 세밀한 표현을 한 딸의 작품도, 투박하지만 상상력을 동원한 아들의 작품도 모두 훌륭하다. 1, 2 등을 나눠달라는 아이들에게 '둘 다 1등'이라는 말이 이젠 먹히지 않는다. 고민하는 차에 리처드 템플러의 『부모잠언』챕터 63을 보게 됐다. 그 챕터에는 '아이들을 서로 비교하지 마라'는 부분이 나온다. 한동안 1등을 매겨달라는 아이들에게 '둘 다 잘했다'는 말로 무마했지만 이 책을 보고 나서는 동생을 이기려는 첫째에게 '그래 네가 잘했어. 대신 동생보다 네가 2살이 많다는 걸 잊지 마. 너와 동생은 출발선이 달라'라고 말한다. 아이들에게도 서로 다른 것을 인정할 수 있도록 설명해주려 한다.

　그 어떤 육아법과 교육법도 내 아이에게 맞춤 옷 같지 않다. 유명한 대학에 보냈거나 유창한 외국어를 구사하는 아이들을 둔 엄마들을 보면서 '나도 저렇게 교육하면 아이가 저렇게 되겠지?'라고 생각하면 큰 오산이다. 내 아이의 잠재된 능력을 꺼내 주는 것은 할 수 있으나 유명한 아이들과 같이 될 거라 생각하면 안 된다. 내 아이는 그런 아이와는 다른 존재이다. 아이가 능력이 없다거나 잘하지 못한다는 말이 아니다. 같은 교육법을 적용시켜도 어떤 결과가 나올지는 아무도 모르는 일이다. 수업시간에 한 선생님에게 같은 수업을 받아도 학생이 받아들이는 차이는 천지차이다. 50점짜리도 있고, 100점짜리도 있다. 50점과 100점 이외에 무수히 많은 점수들도 존재한다. 아이들이 모두 다르기 때문에 다양한 결과가 나올 수 있다. 아이의 발달도 마찬가지다. 빠르기도 하고 느리기도 하다. 같은 나이에 생일이 늦어도 발달이 빠를 수 있고, 생일이 빨라도 지식이나 성장이 자신

여자는 육아로 성장한다

의 속도대로 천천히 발달하는 아이도 있다.

수학문제처럼 삶이나 육아에도 정답이 있으면 좋겠다는 생각을
한 적이 있었다. 너무 안 풀리고 앞이 보이지 않는 삶을 살아가면서,
육아가 언제 끝이 날지 몰라 정답을 찾았다. 찾으면 찾을수록 또 다
른 삶이 생겨났다. 힘들었던 지난 일들은 어느새 내 방식대로 풀려
나갔고, 새로운 일들을 맞이하고 있었다. 한치 앞도 보이지 않던 안
개 속 같았지만 오직 내 발 앞을 살피며 한걸음씩 나아가고 있던 것
이다. 정답을 찾다가 나만의 답을 찾아가고 있었다. 오히려 정답이
없어서 다행이었다. 정답이 확실하게 있었다면 그것을 따라가려 아
등바등하고 있었을 것이다.

나는 20대에 결혼을 했다. 친구나 지인들은 30대에도 하고, 40이
넘어서도 결혼을 했다. 모두 자기만의 방식대로 결혼을 하고 육아를
했다. 20대는 다 즐기고 30대에 결혼을 해야 한다는 법칙은 없다. 반
대로 빨리 육아를 끝내고 40이 넘어서는 홀가분해져야 한다는 법칙
도 없다. 그저 자신의 상황과 판단에 따라 겪게 되는 일일 뿐이다.
누구를 탓할 필요도 없다. 모든 결과는 자신이 만들어낸 일이다.

육아도, 교육도 마찬가지다. 아이가 커가면서 많은 검색을 했다.
책 육아나 조기 영어교육, 엄마표 홈스쿨링 등을 알게 되었다. 많은
정보가 들어오면서 내 머릿속은 복잡해졌다. 검색을 하면 할수록 더
많은 정보가 들어왔다. 이런 글을 보면 이렇게도 보이고, 저런 글을
보면 저렇게도 보였다. 내게 시급한 것은 그 어떤 교육법보다 내가
중심을 찾는 일이었다. 내가 중심을 갖지 않으면 여러 곳에 휘둘리

기 쉬운 세상이 바로 이곳, 육아와 교육이라는 곳이었다. '아이에 대한 사랑'을 빌미로 그것을 시키지 않는 부모는 '아이를 사랑하지 않는 것'으로 몰아가기 쉬웠다. 매년 저 출산이라 떠들어대도 육아와 교육 분야는 성행하는 이유가 그런 마케팅 때문이다. 마케팅의 홍수 속에서 자신의 배를 타고 스스로 노를 저어야 한다.

그동안 차등지원이던 아이들의 보육료가 전 계층 지원으로 확대됐다. 그 이후 전업 맘들이 아이들을 어린이집에 보내는 일로 사람들의 입에 오르내렸다. 그저 돈을 지원받고 아이들이 기관에 가 있는 시간동안 탱자탱자 놀려한다는 말로 전업 맘들을 싸잡아 욕하는 사람도 있었다. 나는 전업 맘들을 욕하는 사람들에게 말하고 싶었다. "그렇게 욕하는 당신은 아이를 키워봤나요? 당신의 아이가 있다면 기관에 보내지 않으면 되는 일이예요. 24시간 아이와 함께 지내면서 좋은 시간 보내세요. 대신 그러지 않는 다른 사람을 무턱대고 욕하지는 마세요."

사람마다 각자의 사정이 있고 이유가 있다. 전업 맘이 아이를 어린이집에 보내는 것도 다 이유가 있다. 그것이 꼭 보육료 20여만 원을 바라보고 하는 일은 아니다. 나는 첫째 아이를 19개월부터 어린이집에 보냈다. 둘째 출산을 앞두고 여러 가지 생각 끝에 어린이집을 알아봤다. '갓난아기와 한창 활발한 활동을 하는 첫째를 같이 돌볼 수 있을까? 같이 지내면서 아이와 내가 스트레스를 주고받고 하진 않을까?'라는 생각을 끊임없이 했다. 남편은 낮에 몇 시간만이라도 첫째를 어린이집에 보내는 것이 모두에게 좋을 것 같다고 했다. 내가 갓

여자는 육아로 성장한다

난아기와 함께 잠을 자며 몸을 회복할 시간도 필요하고, 함께 있으면서 서로에게 스트레스 받는 일보다는 잠시 떨어져있는 시간이 좋을 것 같다는 말이었다. 그렇게 아파트 두 동 건너 있는 어린이집에 보냈다. 떨어져 있는 시간동안에는 둘째를 돌보고, 첫째가 돌아오면 애틋한 마음이 생겨 더 잘해주게 되었다.

직장에 다니면서도 아이들의 독서에 신경을 썼다. 책 육아를 지지하는 쪽은 아이들이 밤새 읽으려하면 그렇게 맞춰야한다고 했다. 하지만 워킹 맘은 밤을 샐 수가 없다. 아침에 아이들을 깨워 기관에 보내놓고 자신도 출근을 해야 한다. 잠이 부족한 아이들을 깨우는 일은 쉽지 않다. 아이가 잠이 부족하면 성격도 까칠해진다. 그래서 매일 밤, 계속 책을 읽으려는 아이와 얼마나 실랑이를 했는지 모른다. 아이는 "이것만 읽고요"라고 하고 엄마는 내일을 위해 어서 재우고 싶어 한다. 책 육아를 한다 해도 워킹 맘이라면 그 시간을 잘 배분해야한다. 전업 맘의 책 육아법을 따라가선 안 되는 일이다. 현실과 타협하는 것이 아니라 지혜가 필요한 일이다.

어린이집을 언제 보낼 것인지, 책 육아를 어떻게 해야 하는지 모두 자신의 선택이다. 아이에게 한글을 언제 가르쳐야 할지, 영어는 언제부터 노출 시켜야 할지도 마찬가지다. 다른 사람들이 뱃속에 있을 때부터 영어를 노출시킨다고 나도 그렇게 할 필요가 없다. 엄마가 즐기지 않는 영어를 스트레스 받아가며 태중의 아이에게 들려준들 아이는 영어보다 엄마의 나쁜 스트레스를 더 느끼지 않을까? 아이가 4세쯤 되면서 한글을 본격적으로 가르치는 일이 많다. 그저 엄마가 책을 읽어주면서 자연스럽게 한글에 노출을 시킬 것인지, 문제집이나 한글 학습지를 받아보면서 쓰기까지 완성시킬 것인지도 답이 없다. 전문가들은 6세 이후로 한글을 학습하는 것이 좋다고 한다. 하지만 그 전이라도 아이가 한글에 호기심을 느낄 때, 어떤 방식으로라도 한글에 노출을 시킨다면 그것이 그 아이에게 가장 맞는 시기라고 본다.

앞에서도 말을 했지만 우리 아이들은 둘 다 한글에 대한 관심이 일찍부터 있었다. 첫째는 앉아서 하는 활동을 좋아해 한글에 관심을 가지면서 동시에 쓰기까지 하려고 했다. 서점에 파는 유아용 한글학습지를 구입해서 종류별로 다 풀어보고 한글을 뗐다. 만 3세 때 엄마에게 편지도 쓰고 그림에 글씨를 쓰기도 했다. 둘째 아이도 한글에 일찍 관심 있어 하는 것은 비슷했다. 하지만 쓰는 것은 잘 하려 하지 않고 가끔 글을 써도 정해진 획순에 따라 쓰는 것을 싫어했다. 읽기는 20개월부터 가능했지만 제대로 쓰는 것은 아직도 완벽하지 않다. 어린이집 원장님과 상담을 하면서 둘째 아이는 7세가 될 때 쓰기를 바르게 지도하면 좋겠다고 했다. 아이는 올해 7세가 되었다. 아이도 기다렸다는 듯이 이제 글씨를 스스로 쓰려하고, 바른 획순을 알려주면 고치려 한다. 둘째에게 한글 쓰기의 완성은 7세인가보다. 같은 배에서 나온 남매도 이렇게 다르다.

나만의 길을 찾는 것은 어렵다. 나도 정확한 나의 길을 알지 못한다. 육아는 더 어렵다. 다만 눈앞에 가려진 안개를 걷어내기 위해 한 발짝씩 앞으로 나아가고 있을 뿐이다. 돌아보면 내가 걸어온 길이 보

여자는 육아로 성장한다

인다. 그것이 직선이든 꼬부라진 길이든 내가 걸어왔던 삶이다. 정해진 답은 없어도 앞으로 나아간다는 것이 중요하다. 남과 비교할 필요도 없고 남의 길에 억지로 올라갈 필요도 없다. 나의 길-my way-를 찾아야 하는 이유이다.

그래도, 잘하고 있어

　나만의 육아를 하고 있었다. 밤새 책을 읽어주지 않고, 어린이집에도 꼬박 꼬박 보냈다. 그 시간은 나도 한숨을 돌리며 배움의 시간으로 삼거나 직장에 있는 시간이었다.

　7세까지 원아가 있는 어린이집에서도 5~6세쯤 되면 아이들이 많이 빠져나간다. 다들 다른 유치원이나 기관으로 옮겨가는 것이었다. 나도 아이들을 유치원으로 옮길 것인지, 다니는 어린이집에서 졸업을 시킬 것인지 고민이 됐다. 대부분의 유치원에서는 외부강사가 들어오는 별도의 수업이 많았다. 시설이나 프로그램 면에서는 대형 유치원과 어린이집은 당연히 비교불가였다. 하지만 아이의 등하원시간이 현실적으로는 내 출퇴근 시간과는 맞지 않았다. 혹시나 하는 마음으로 몇 군데 알아보니 내가 한창 바쁜 근무시간에 하원을 해야 했다. 그 이후로 남아있는 아이는 없다고 했다. 전업 맘이거나 아이를 돌봐주는 누군가가 있어야 유치원도 보낼 수 있는 일이었다.

　누리과정이 생기면서 어린이집이나 유치원에 다니는 7세 아이들이 같은 교육을 받게 됐다. 그것은 아이들이 어린이집에 계속 남아있어도 안심이 되는 이유 중 하나이다. 원장님 이하 선생님들께서 모두 우리 아이들을 속속들이 잘 알고 계시는 것도 굳이 유치원으로 옮기지 않아도 되는 이유였다. 그런 고민 끝에 아이들을 유치원으로 옮기지 않았다. 어느 기관을 다니든 올바른 교육만 받으면 되는 것이다.

어느 날, 출판사 영업사원에게 우연히 길을 물어보게 되어 도움을 받았다. 낯선 동네에서 급할 때 도움을 받은 고마운 마음에 집에 방문하는 것을 허락했다. 그 이후로 그분은 우리 집에 와서 이것저것 전집을 추천해주셨다. 추천해주시는 영어 전집은 상당히 고가였다. 물론 교재나 교구도 훌륭했다. 하지만 그 정도의 비용을 매달 할부로 지불하고 그 전집을 살 엄두가 나지 않았다. 몇 번 방문을 더 하시려는 것을 정중히 거절했다. 대신 영어 CD가 있는 다른 책을 구입했다. 아이에게 여러 번 들려주고 적응을 시킨 후 같은 시리즈의 책을 더 구입했다. 아이가 책을 찢어도 몇 번을 테이핑해서 쓰고 너덜너덜해져도 아깝지 않았다. 아까 그 고액의 책이었다면 찢은 책을 또 AS 받느라 택배를 보내고 받는 시간만 보냈을 것이다.

길을 가다가, 또는 마트에서 만나는 학습지 교사들은 당장 아이에게 학습지를 시키지 않으면 안 된다고 겁을 준다. 엄마인 내가 집에서 교재를 사서 같이 공부하고 있다고 하면 '자기 자식은 제대로 공부 못 시킨다'며 평가절하 한다. 언젠가 한 번은 도대체 어떤 교재인지 궁금해서 상담을 받은 적이 있다. 아이와 함께 앉아서 교재 구경을 하고 시간이 되면 아이에게 테스트를 시켜보자고 했다. 아이는 낯선 선생님이 집에 와서 자기를 공부시키는 것은 절대로 싫다며 그 자리에서 벗어났다. 몇 번 더 내가 물어봐도 싫단다. 그냥 지금처럼 엄마와 공부하는 것이 좋단다. 학습지를 받아보는 것도 나쁘지 않다고 생각했던 내게 쐐기를 박는 아이의 말이었다.

사실 나는 '팔랑 귀'다. 누가 옆에서 예쁘다고 하면 정말 예쁜 줄 안다. 괜찮다고 써보라고 주는 샘플도 사실 뭐가 더 좋은지 구별이 잘 안 된다. 부작용만 없으면 좋다고 말한다. 나 같은 사람이 사실 호구가 되기 쉽다. 분별력이 부족하고 그저 남이 좋다고 하는 쪽으로 편하게 따라간다. 이런 나라서 더 나만의 육아를 하는 것이 쉽지 않다.

가끔씩 '내가 이렇게 하는 게 맞나?' 싶을 때가 있다. 엄마가 아이의 교육에 별 관심이 없는데 아이가 영재 판정을 받고, 엄마가 책 한 번 읽어주지 않는데도 아이가 독서광이 된다. 학교에서도 알아서 바르게 공부하고 행동한다. 말 그대로 엄친아가 된다. 그런 말을 주변에서 들으면 내가 하고 있는 일이 허무하게 느껴지기도 한다. 쉿소리가 날 때까지 아이에게 책을 읽어주고 한글, 한자 카드를 만드는 일, 내 귀에 거슬려도 영어 CD를 틀어주는 일, 보고 싶은 TV 프로그램이 있어도 보지 않는 일, 형식적이라도 아이 앞에서 엄마의 책 읽는 모습을 보여주는 일 모두 다 그렇다.

나는 나만의 육아를 한다고, 우리 아이들에게 맞게 한답시고 이리저리 하지만 비전문가인 내가 전문가들보다 부족한 것은 사실이다. 열심히 하다가도 어느 날 문득 그런 생각이 들기 시작하면 나도 모

여자는 육아로 성장한다

르게 학습지를 검색하거나 비싼 전집, 방문교사를 알아보기도 한다. 그 시기에 누군가가 학습지나 전집을 추천해주거나 내게 연락을 했다면 분명 넘어갔을 것이다. 하지만 며칠만 지나면 다시 현실로 돌아온다. 계산기를 두드리며 지금부터 이것저것 시키면 그 비용을 절대 줄일 수 없다는 것을 깨닫는다. 눈덩이가 불어나듯이 그 비용은 아이의 학년이 더 올라갈수록 불어나갈 것이라는 느낌이 든다.

첫 아이가 돌이 지났을 무렵 내게 "21세기 아이에게 20세기 책을 읽히고 있네요?"라며 자존심을 긁었던 영업사원이 있었다. 지금 생각해도 참 그 말이 명언이다. 2000년생인 조카가 읽던 책들을 물려받아 아이가 어릴 때 읽어줬다. 또 중고로 샀던 유아전집이 있었는데, 두 가지 모두 자기 출판사 책이 아니라고 상당히 불쾌하게 말을 했다. 조금만 내게 공감해주고 상냥한 태도로 자신의 책을 추천했더라면 '팔랑 귀'인 내가 마음을 쉽게 열었을 텐데. 그 영업사원이 판매하는 출판사의 책도 좋은 책이라고 소문난 책이었다. 하지만 한 번에 아이의 발달을 위한답시고 400만 원을 결제하기란 부담이었다. 아마 결제를 했더라도 할부로 했을 것이고, 그 할부를 갚느라 다른 종류의 책을 보지도 못했을 것이다. 그 영업사원이 다녀간 이후로 400만 원보다 훨씬 저렴하고 다양하게 책을 사봤다.

항상 남편과 이런 저런 대화를 많이 나눈다. 아이들의 일은 특히나 의논한다. 대화를 나누다 보면 내가 잘 하고 있는지, 우리가 이렇게 아이들을 키워도 되는지에 대한 이야기는 꼭 빠지지 않는다. 그런 마음이 드는 내게 남편은 항상 이렇게 말한다.

"지금도 잘 하고 있어."

남편의 말을 들으면 다시 힘이 난다. 우리가 못하고 있는 것이 아니라며 특히 여러 가지 사교육 정보를 듣고 팔랑거리는 나를 잡아준다. 육아는 역시 부부가 함께 생각하고 고민해야 하는 일임에 틀림없다.

나만의 길을 찾기 힘들어서 다른 이들의 뒤를 쫓아가기도 한다. 생각해보면 그게 오히려 쉬워 보이지만 더 어려운 길이다. 남들이 하는 것은 다 해봐야 하고, 내 생각보다는 다른 이들의 선택을 더 우선시해야 한다. 나와 내 아이가 가야 할 길을 다른 이에게 맡긴다면 목적지까지 도착하는 것은 운전하는 사람 재량이다. 큰 비용을 지불해야 할 수도 있고, 다른 길로 들어가도 나는 모른 채 그냥 따라가야 한다. 서울에 올라가 몇 년을 살다 온 친구는 서울 가면 택시를 타지 말라고 한다. 길을 훤히 다 알고 있지만 사투리를 쓴다는 이유로 택시 기사들이 일부러 길을 빙 둘러서 간단다. 택시 기사에게 "왜 돌아가세요?"라고 물으면 그제야 바른 길로 간다고 했다. 내가 길을 알고 있으면 기사가 먼 길을 돌아가는 것도 눈에 보인다. 길을 알지 못하는 승객이 탔다면 충분히 돌아가고 많은 비용을 받았을 것이다. 어떤 길을 가든지 자신이 길을 알거나 지도를 갖고 간다면 조금 도움을 받아도 바른 길로 향할 수 있다. 운전을 못하는데 억지로 운전을 배우려 하지 않아도 바른 길로 갈 수 있는 것이다. 내가 어떤 육아, 교육의 길로 아이와 함께 갈지 무작정 학원이나 방문 교사에게 맡길 것이 아니라 나 스스로의 관심이 필요한 일이다.

아이들과 규칙을 만들고 비싼 장난감을 사지 않는다. 장난감을 살 수 있는 날은 생일, 어린이날, 크리스마스로 정해놓았다. 칭찬스티커를 다 모으면 그 날이 아니라도 구입가능하다. 용돈은 정해진 날짜에 일주일에 한 번 주고, 외부에서 받은 용돈은 통장으로 직행한다. 아이들이 원하면 키즈카페에 한 번씩 가고, 주말마다 가족 나들이를 나간다. 집 근처 공원에서 같이 운동을 하고, 돌아오는 길에 아이스크림을 하나씩 사 먹는다. 요즘 유행하는 아이돌의 노래도 같이 듣고, 아이들이 보는 만화도 같이 본다. 보드게임도 하고, 놀이도 한다. 계속 바뀌는 아이들의 꿈을 지지하고, 그 꿈에 대해서 이야기 나눈다. 하루에 정해진 양의 문제집도 풀고, 놀 때는 영어 CD가 항상 돌아간다.

여전히 이것저것 시도를 해보고 시행착오를 겪는다. '나, 이 정도로 살아도 되는 걸까?'라는 생각이 들면 잘 하고 있다고 생각한다. 다른 이들과 비교는 금물이다. 나는 나대로, 타인은 타인대로 열심히 하고 있는 것이지, 비교 대상이 아니다. 가끔 비교가 훅 치고 들어올 때, 잠시 쉬기도 한다. 언제나 달릴 수만은 없으니 그럴 때 한 번씩 쉬어가기도 한다. 쉬고 있어도 나는 달리는 중이므로 언제든지 뛸 수 있다. '그래도, 잘 하고 있어'라며 힘을 낸다. 누구도 내 길을 대신 달려줄 순 없기에.

말하기, 듣기, 기다리기

어느 만남에서나 나는 말하기보다 듣기에 강했다. 학창 시절에도 친구들과 재잘거리는 수다를 털어도 끝내는 듣기로 마무리를 했다. 듣는 일은 말하는 일만큼 에너지가 소모된다. 상대방의 이야기에 집중을 해야 하고, 그에 공감도 해줘야 한다. 맞장구를 치려면 내가 상대방에게 감정이입을 해서 그의 마음이 되어야 한다.

그런 내게 임신 기간이나 출산 이후에는 말하기라는 과제가 주어졌다. 태중의 아이가 엄마의 목소리를 듣는다고 아이에게 말을 많이 걸어주라 했다. 흡사 벽보고 혼자 말하는 듯한 그런 행동은 참 어색했다. 출산 이후에는 그나마 나를 바라봐주는 '살아있는 생명체'에 말을 거는 일이라 좀 나았다. 아이가 말을 빨리하거나 지능 발달을 하려면 끊임없이 엄마가 이야기를 해줘야 한다고 들었다. 아이를 데리고 나가면서 "저건 하늘이고 연한 파란색이야, 흰색은 구름이고, 바람이 느껴지니? 바람은 눈에 보이지 않아" 하면서 혼자 계속 말을 했다. 아이가 내 말을 듣고 있는지 모르겠지만 '청력에 이상은 없으

여자는 육아로 성장한다

니 듣고 있겠지' 생각하면서 혼잣말을 계속 하고 다녔다.

여자아이라서 말이 빨랐는지, 아니면 내가 말을 많이 해서 말이 빨랐는지, 아이가 말을 시작했다. '아빠'부터 시작한 말은 갑자기 폭발했다. 언어폭발이라는 것이 이런 건가보다 싶을 정도였다. 더 이상 혼잣말을 하지 않아도 돼서 좋았다. 어린 아이지만 대화가 가능했다. 신기하고 재미있었다. 짧은 단어로도 대화가 되고 점점 문장으로 발전을 했다. 아이가 신발을 신으며 "바께, 바께"라고 하면 "밖에 나가고 싶어?"라고 문장으로 말을 해줬다. 그렇게 발전한 아이의 말은 하루 종일 이뤄졌다.

나름 듣기에 이력이 붙은 나였다. 친구들이나 지인들의 이야기를 들어주는 생활을 한 것이 한두 해가 아니라 아이의 말도 듣기 쉽다고 생각했다. 허나 아이의 말은 친구나 지인들의 이야기와는 달랐다. 주제가 있고, 줄거리가 있는 이야기가 아니었다. 그냥 '말'이고 '언어'였다. 아이의 말을 듣는 일은 마치 내가 듣는 훈련을 하는 것과 같았다. 참고 기다리는 훈련, 어떤 것을 원하는 지 핵심을 파악하는 훈련이었다. 아이와 둘이서 매일을 그렇게 훈련했다. 말하고, 듣고, 기다리는 일이 반복됐다. 지루하기도 하고 답답하기도 했다. 듣다가 지치면 일부러 "책 읽어줄까?" 하고 화제를 돌렸다. 그러다 계속 같은 책을 열 번 이상 되풀이해야 하는 일도 비일비재했다.

사람들끼리도 말하고, 듣고, 기다리는 일이 반복된다. 내가 주로 듣기를 많이 해 봤지만 아이와의 듣기는 또 다른 반복이었다. 성격을 시험하는 것 같기도 하고, 짜증이 나기도 했다. 육아듣기평가가 있다면 매일이 연습이고, 실전이었다.

　말이 빠른 아이는 앉거나 기면서 말을 했다. 대화가 통하는 아이가 신기하기도 했지만 다른 부분은 빠르지 않아 걱정도 했다. 비슷한 생일을 가진 아이들이 모인 자리에서 우리 아이만 여전히 누워있었다. 다른 아이들은 벌써 혼자 뒤집고 기어 다니는데, 아직도 천정을 보면서 놀았다. 160일이 지나서야 뒤집기를 한 아이는 혼자 걷는 것도 충분히 느렸다. 옆에 아이들을 보면서 더 조급함을 느낀 엄마는 혹시나 이상이 있는 건 아닌지, 인터넷으로 검색하고 책을 찾아봤다. 아이는 다리에 힘도 없고, 겁도 많았다. 오랜 시간 기다린 끝에 잡고 한 발짝씩 걷기 시작했다. 균형이 잡히지 않아 넘어지기도 일쑤였다. 잡고 걷는 것만 해도 큰 발전이었지만 더 빨리 걸으면 하는 욕심이 생겼다. 일부러 혼자 걸어보라고 멀리서 손짓을 하면, 아이는 겁에 질려 울기도 했다. 아이는 자신만의 속도로 걸어가고 있는데, 엄마가 자꾸만 뛰라고 하니 아이는 더 그 자리에서 멈춰 섰다.

　아이가 말을 더듬더듬 할 때 빨리 그 다음 말을 하라고 시키지 않았다. 그냥 말하는 것을 쳐다보며 다 할 때까지 기다려줬다. 그런데 옆에 다른 아이들이 더 빨리 뒤집고, 걷는 것을 보면서 엄마가 조바심이 났다. 우리 아이도 빨리 걸어서 다른 아이들과 같아지면 좋겠다는 생각이 들었다. 생각해보면 아이는 태어날 때부터 자신의 속도로 왔다. 예정일을 훌쩍 지나 유도분만 날짜를 잡아놓고도 나올 기미가 없었다. 유도분만 하루 전에 진통이 시작되더니 아이가 나왔다. 뒤집기도 느긋하게 161일 만에 했고, 혼자 걷는 것도 16개월째에 시

여자는 육아로 성장한다

도를 했다. 몸의 발달은 그렇지만 말은 빨랐고, 글을 깨우치는 것도 빨랐다. 무엇이 빠르고 느린 것이 중요한 것이 아니고, 아이는 자기 스스로의 속도로 가고 있었다. 옆에서 엄마인 나는 그저 보조만 맞춰주면 될 것을 코치처럼 옆에서 더 빨리 뛰라고, 재촉하고 있었다.

9개월부터 걸음을 걷던 둘째 아이는 뭐든지 빨랐다. 몸의 발달도 빨랐고, 글이나 다른 것을 깨우치는 것도 빨랐다. 대신 한글쓰기나 그림그리기는 첫째만큼 하지 못했다. 그림도 내게 그려달라고 하고 자신이 직접 그림을 그리는 일도 소극적이었다. 같이 색연필을 잡고 그림을 그려보고 몇 번을 시도하면서 혼자 서툴게 그림을 그렸다. 한글쓰기도 싫어해서 7세가 된 지금에야 혼자 쓰기에 재미를 붙이고 있다. 다른 것이 빠르다고 둘째 아이에게도 한글쓰기를 강요한 적이 있었다. 아이마다 각자의 속도가 있다고 인정하면서도 정작 아이에게는 못한다고 다그치고 있었다. 서로 감정만 상해서 내버려두는 수밖에 없었다. 엉터리 획순으로 한글을 괴이하게 쓰는 아이가 걱정이 되기도 했다. 뭐든지 빨라서 쓰기도 빠를 거라 생각했던 내가 바보였다.

첫째는 대근육 발달이, 둘째는 소근육 발달이 느렸다. 반대로 첫째는 소근육 발달이 빠르고 둘째는 대근육 발달이 빨랐다. 아이의 말을 듣는 것만 기다리고 참는 일이 아니라, 아이의 성장도 기다림이 필요했다. 각각의 아이가 자신의 발달대로, 속도대로 가는 것을 못 참고 속상해 하고 있던 일은 불필요한 에너지 낭비였다.

우리가 잘 아는 동화 『토끼와 거북이』가 있다. 그동안 토끼에게만 중심이 맞춰진 동화는 요즘 거북이의 입장에서 다시 보게 된다. 거북이는 토끼가 그렇게 먼저 가도 상관없이 자신의 속도대로 꾸준히 걸어간다. 지치지 않게 자신의 체력을 분배하여 오르막이나 내리막 어느 구간에서도 더 빠르지도 느리지도 않게 간다. 결국 토끼를 제치고 우승을 차지하는 것은 거북이다. '자신만의 속도'로 꾸준함을 겸비한 거북이의 성실한 우승이다.

누구와 비교하지 않고 묵묵히 자기의 속도로 걸어가는 거북이가 필요하다. 엄마의 조바심은 아이의 속도를 방해하기 딱 좋다. 경주를 펼치는 거북이 옆에서 쉴 새 없이 더 빨리 뛰라고 말하며 방해만 할 뿐이다. 선수의 장점을 제대로 파악해서 최대한 이용하게 만드는 것이 코치의 역할인데, 자신의 욕심과 목표대로만 조종하려 든다. 오히려 잔소리에 지친 거북이가 경기장을 이탈하고 싶게 만드는 역효과를 부르게 된다.

나는 어떨까? 한 번쯤 생각해볼 필요가 있다. 아이의 발전을 이끌어 내준다며 아이의 속도와 관계없이 새로운 것을 계속 주입시키는 엄마일까? 코치가 아닌 삶의 동반자 또는 인생의 선배로서 아이의 걸음에 발맞춰서 가는 엄마일까?

눈 쌓인 길에서 자신의 발자국을 만드는 것을 아이는 무척 좋아한다. 크게도 걸어보고 좁게도 걸어본다. 가다가 눈을 만져보기도 하고 눈을 뭉쳐서 날려보기도 한다. 아이가 눈을 만지며 갈 수 있는 시간을 충분히 주면 아쉬워하지도 힘들어하지도 않는다. 반면에 아이보다 보폭이 넓은 엄마의 발자국을 그대로 따라오라고 하면 아이는 금방 지친다. 재미 없어한다. 눈을 제대로 느껴보지도 못하고 엄마의 보폭만 따라오라는 것은 아이에게는 고문이나 마찬가지다. 언젠가는 아이도 엄마만큼, 아니 엄마보다 더 넓게 스스로의 발자국을 찍을 것이다. 아이가 자라기를 기다리지 않고 엄마의 발자국대로 걸길 바라는 것은 아이의 기회를 뺏는 일이다. 엄마는 그저 기다려줘야 한다.

말하기, 듣기, 기다리기의 3종 세트를 몇 년간 특별훈련했다. 충분히 듣고 살짝 말하기, 인내를 가지고 기다리기, 조급함을 버리기가 제일 힘든 일이었다. 아직도 힘든 과제를 계속 이어나가고 있다. 여전히 기다리는 것은 제일 어려운 과제다. 말하기, 듣기가 초·중급 단계라면 기다리기는 고급 과정이다. 고급 과정을 끝낼 것인지 평생 끝내지 못할 것인지는 엄마의 조급함을 다스리는 일에 달렸다. 과연 나의 고급 과정은 언제 끝날지 지켜볼 일이다.

제5장

육아로
배우는
인 생

신이 내린 최고의 기회

동아시아계 사람들에게만 있다는 몽고반점. 어릴 때 몽고반점은 삼신할머니가 '이제 세상에 나갈 때'라고 아기의 엉덩이를 힘껏 차며 밀어줘서 생겼다는 말을 들었다. 과학적으로 설명은 되지 않지만 삼신할머니가 아이를 점지하고 아이가 세상에 나갈 때를 알려준다는 점이 재미있다. 아이가 자라면서 서서히 옅어지는 몽고반점은 삼신할머니의 보살핌에서 서서히 멀어진다는 생각도 하게 만든다.

아이는 삼신할머니의 보살핌에서 벗어나 부모의 보살핌을 받는다. 부모와 자식과의 관계를 두고 "자식은 부모의 전생의 빚을 갚기 위해 태어난다"고 하는 사람도 있다. 그 빚이 좋은 것인지 나쁜 것인지 몰라도 아이를 키우면서 아이 때문에 너무 힘들어하지 말라는 의미로 받아들여도 좋을 것 같다. 전생이든 현생이든 눈에 보이는 사실은 부모인 내가 아이에게 베풀어야 한다는 것이다.

'엄마'가 되면서 완전히 다른 세계에 발을 내딛었다. 내가 보고, 들었던 부모는 이론에 불과했다. 새로운 세계에 진입한 초보 엄마(부모)

여자는 육아로 성장한다

들은 무한한 경험을 하게 된다. 신을 믿는 사람이건 아니건 "신이시여 제게 왜 이런 시험을 주시나이까?" 하고 저절로 외치게 된다. 신은 내게 시험이 아닌 기회를 준 것이라고 대답하고 있는지 모르겠다. 시험이든 기회이든 힘들고 어렵기는 마찬가지다.

두 번 다시 돌아오지 않는 시간들이다. 지금도 시간은 흘러가지만 그때만큼 기억에 남지 않을 것이다. 그때의 나, 그때의 아이는 지금도 있지만 그때와 같지 않다. '좀 더 잘할 걸' 하는 후회보다는 그 시절을 즐기지 못해서 아쉽다. 이제야 돌아보니 좋았다. 함께 있어서 좋았다. '모든 날이 좋았다.'

내 삶에 아이가 필요해서 아이를 갖기 원했다. 가족의 완성은 부모와 아이 두 명으로 생각했다. 2년 터울로 아이를 낳고 기르면서 철없던 나는 기회를 얻었다. 아이를 만나고 싶어도 못 만나거나 어렵게 만나는 사람도 있다. 그에 반해 쉽게 아이를 만나게 됐다. 어서 빨리 아이를 낳고 기르면서 철 좀 들라는 신의 계획이 아닐까 싶다. 신의 계획이 어떤지 몰라도 어쨌든 감사한 일임에는 틀림없다.

"아이를 한창 키우던 때가 제일 좋았다"는 친정 엄마의 말이 처음에는 이해가지 않았다. 이제는 그 말이 이해가 된다. 아이가 폭풍 성장하는 모습을 마음껏 볼 수 있다. 어린 아이를 둔 젊은 엄마들에게 '그때가 좋을 때'라는 말을 하는 어른들의 마음도 조금 이해가 된다. 막상 그 말을 들을 때는 '지금 이렇게 힘든데 좋을 때라고 하면 나머지 삶은 얼마나 힘든 거야?'라며 삐딱하게 받아들였다. 돌아보니 그 시간이 봄이었다. 갑자기 바뀐 날씨에 적응을 못하고 꽃이 피기까지의 기다림이 지루하기도 했다. 꽃가루가 날려 눈이 따갑고, 재채기도 났다. 그러나 인기드라마 '도깨비'의 명대사처럼 "날이 좋아서 날이 좋지 않아서 날이 적당해서 모든 날이 좋았다" 아이와 함께 있는 그 시간이 좋았다.

사람이 살다보면 자기 뜻대로 되지 않는 일들이 참 많다. 학생 때 집을 떠나고 싶어 부산에 있는 대학에 지원하고 기숙사까지 배정받았다. 고등학교 졸업식 전날 집근처 학교에서 추가합격 연락을 받았다. 신생학교인 부산보다 선배가 많은 근처학교를 가라는 엄마의 추천으로 추가합격 등록을 했다. 첫 직장도 사는 곳을 벗어났지만 병원의 경영난으로 다시 집으로 돌아와 집에서 출퇴근이 가능한 곳에서 5년 넘게 일했다. 어떻게든 집을 벗어나보려 했지만 내 마음대로 되지 않았다. 멀리 던져도 다시 돌아오는 부메랑 같았다. 나의 뜻이거나 엄마의 뜻이 작용을 했더라도 모든 것이 지금의 결과를 낳기 위한 신의 계획이 아닐까 싶다. 내 인생이라는 퍼즐을 맞추는 누군가가 지금, 나를, 이곳에 두기 위한 계획이라 느껴진다.

한 때 교회를 다녔다. 열심히 다녔다. 그 때부터 내 삶을 지켜주는 신이 있다고 믿었다. 지금은 교회를 다니지 않지만 그 믿음은 여전하다. 믿는 구석이 있어서 그런지 나는 복이 많다고 생각한다. 잘난 척이 아니라 자신감이다. 무한한 복을 가져다 쓸 수 있을 것 같은 근거 없는 자신감이다. 아이를 낳고 싶다고 욕심을 부려도 사람 힘으로 안 되는 경우도 많다. 산부인과에서 아무리 좋은 처방을 내리고 시술을 해도 아이가 생기지 않는 사람이 있었다. 여러 가지 시술과 스

여자는 육아로 성장한다

트레스로 몸도 마음도 지쳐 한동안 모든 시술을 멈추고 편안하게 살았다. 그러다 어느 날, 아이가 찾아왔고 건강하게 낳았다. 곧이어 둘째도 쉽게 낳고 행복하게 살고 있다. 이것은 사람의 욕심만으로는 가능하지 않은 신비한 일이다. 모두 누군가의 보살핌으로 그렇게 때를 기다려 아이를 내려주는 것만 같다.

출산과 육아는 내가 변하고 다시 태어나는 일이었다. 한 아이의 출생이 곧 두 명의 탄생과 같다. 하나는 아이의 육체가 세상으로 나오는 것이고, 다음은 엄마가 새로운 인격으로 다시 태어나게 되는 것이다. 시행착오가 물론 많았지만 나는 아이를 통해 새롭게 거듭날 수 있었다. 아직도 다른 아이들을 내 아이처럼 아끼고 보살피는 일은 서툴다. 하지만 '아이는 귀찮고 성가신 존재'라고 생각했던 내가 예전보다 아이들에게 마음을 열고 있는 일은 실로 대단한 성과다.

엄마가 되면서 삶이 바뀐 사람들이 많다. 아이의 아토피 때문에 먹거리를 연구하다가 요리책을 내고 요리 연구가가 된 사람, 아이의 영어공부를 위해 엄마가 영어를 공부하고 가르치게 된 아동영어전문가, 엄마표 학습과 놀이를 잘 해서 책을 쓰고 작가가 된 엄마. 엄마이기 때문에 가능한 삶을 살고 있는 사람들이다. 그들이 많은 엄마들의 지지를 받는 이유도 같은 엄마이기 때문이다. 훌륭한 셰프나 영어 전문가, 선생님도 아닌 평범한 엄마가 이뤄내는 성과는 자식에 대한 사랑이 이렇게 한 가지 일에 몰입하도록 만드는 것을 보여준다. 예나 지금이나 자식에 대한 엄마의 사랑은 무한하다. 처음부터 엄마로 태어난 것도 아닌데 자식을 위한 마음은 여자를 엄마로 만들어준다.

육아가 한창 힘들 때 가장 많이 했던 생각이 있다. '여긴 어디? 나는 누구?'라는 질문이다. 아이가 없이 홀가분하게 직장을 다니고 남편과 데이트를 하고 친구를 만나는 삶이었다면 시간은 그저 그렇게 흘러갔을지도 모른다. 나만 멈춰있고 세상은 빠르게 흘러가는 것 같은 단절된 시간 속에 남겨지면서 나는 계속 생각을 했다. '이렇게 가만히 있어도 되는 걸까?' 사실 가만히 있는 삶은 아니었는데도 혼자 멈춰있는 삶이라 여겨졌다. 누워만 있던 아이가 어느새 걷고 뛰게 되어도 나는 그대로 멈춘 것 같았다. 아니 뒷걸음질 치는 것 같았다. 더 이상 뒤로 가거나 멈추고 싶지 않아서 책을 집어 들었고, 육아서를 읽으면서 삶도 배웠다. 육아를 하다가 나를 돌아보게 되고, 나를 찾게 되는 시간을 만났다. 사막에 버려졌다 생각했던 내게 오아시스를 찾게 되는 계기가 된 시간이었다.

아이를 보면서 나를 돌아보는 시간을 가졌다. 내 아이를 통해서 어린 나를 보았다. 어린 나는 내 아이를 이해하게 도와줬다. 낮잠을 깨면 항상 우는 아이의 울음소리가 귀에 거슬렸지만, 아이였던 내가 그랬기에 이해할 수 있었다. 아이를 보면서, 육아서를 읽으면서 내 안의 어린 나를 이해하고 치유하게 됐다. 아이의 모습에서 비춰지는 어린 나를 보면서 '저 아이의 감정도 그렇겠구나'라고 이해할 수 있었다.

나만 알던 이기적인 사람에서 벗어난 것도, 아이를 너그럽게 바라보게 된 것도 모두 신의 계획이고 뜻인 것 같다. 좀 더 사회에 친화적인 사람으로 살아보라고, 삐딱하게만 바라보지 말라고, 세상은 아직

여자는 육아로 성장한다

도 살기 따뜻한 곳이라고 알려주는 것 같다. 겉으로는 둥글게 보여도 마음은 모난 곳이 많던 내가 엄마가 되면서 많이 깎였다. 신은 내게 아이들을 보내어 모난 곳을 많이 다듬어 주었다. 완성품은 아니지만 사회에 가치 있는 사람이 되라는 뜻이 아닐까? 큰 성공이 없어도 부자가 되지 않아도 이 자리에서 내가 할 수 있는 일을 하게끔 만드는 것이 그 목적인가 싶기도 하다.

눈에 넣어도 아프지 않을

어떤 자식은 부모의 속을 많이 썩이고, 어떤 자식은 효도를 한다. "깨물어서 안 아픈 손가락이 없다"고 하는데 깨무는 정도에 따라 많이 아프기도 하고 살짝 아프기도 하다. 부모에게 자식은 이렇게 아프기만 한 존재일까?

아이는 태어나서 3살까지 평생 할 효도를 다 한다고 한다. 나를 엄마라고 알아봐주고 방긋 웃는 아이를 보면서 그간의 피로가 사르르 녹는다. 나를 괴롭히는 것이 목적인 듯 악마 같던 아이는 어느새 미소로 마음을 녹이고 오히려 내가 미안해지게 만든다. 아이가 까르르 웃는 모습이 귀여워 계속 웃겨본 적이 있다. "까꿍, 까꿍" 하는 엄마를 보면서 아이는 단어처럼 "까르르" 하고 웃었다. 그런 모습을 '우리 아이 뽐내기'라는 어느 잡지의 독자 참여에 응모해서 우수상을 받기도 했다. 아이의 미소는 어디서나 통했다.

제일 힘들지만 평생의 효도를 다 받을 수 있다는 그 시기는 참 아이러니하다. 너무 힘들지만 제일 뿌듯한 시기이다. 엄마만 찾는 아이

여자는 육아로 성장한다

와 떼려야 뗄 수도 없는 '껌딱지' 시기다. 그 시기의 엄마는 화장실을 제대로 가지도 못한다. 아이가 우는 소리에 문을 열고 볼일을 보기도 한다. 아무리 깨끗이 씻어도 몸에 베인 모유 냄새가 나는 시기이다. 흔한 귀걸이, 목걸이, 반지 같은 장신구도 아이가 긁힐까봐 하지 못한다. 화장은 두말하면 잔소리다.

반면에 엄마의 존재를 가장 부각시켜주는 시기이다. 아이가 엄마 없이 할 수 있는 것이 많이 없다. 먹는 것, 입는 것, 놀아주는 것 대부분 엄마의 손길이 필요하다. 아빠나 다른 양육자들이 해줄 수도 있지만 엄마의 목소리, 체온, 느낌, 편안함은 어떤 누구도 대체할 수가 없다. 엄마는 아이에게 가장 필요한 존재이다. 그래서 힘들어도 뿌듯해진다.

언제부터 아이가 이렇게 엄마를 찾았는지 모른다. 그저 아이가 눈 뜨면 옆에 있었고 부르면 달려갔다. 매번 부르면 달려오는 사람이 엄마라고 아이는 인지했을 거다. 알에서 깨어난 오리는 특정시간(생후 13시간~16시간) 사이에 움직이는 물체를 보여주면 이후엔 마치 그 물체가 어미인 양 계속 따라다닌다. 노벨상 수상자인 오스트리아의 동물학자 콘라트 로렌츠(Konrad Lorenz)는 인공 부화한 새끼 오리들에게서 이런 것을 발견하고 이것을 각인현상(imprinting)이라고 이름을 붙였다. 아이가 엄마를 졸졸 따라 다니는 것은 오리와 비슷하게도 보인다. 하지만 사람은 오리와 다르다. 정서적 교감을 하고 말을 한다. 오리의 각인 시간보다 더 긴 시간이 필요하다. 엄마와 아이는 친해지면서 더 많은 것을 함께하고 나눈다.

아이는 어릴 때 엄마가 장난감 사이에 숨거나 눈앞에서 잠깐 보이지 않아도 엄마를 찾는다. 대상영속성(존재하는 물체가 어떤 것에 가려져 보이지 않더라도 그것이 사라지지 않고 지속적으로 존재하고 있다는 사실을 아는 능력)이 발달하는 8개월 이후부터는 그런 장난을 쳐도 엄마가 그대로 있다는 것을 안다. 오히려 이제는 아이가 보이지 않으면 불안한 엄마이다. 아이가 어디에 있는지 알아야만 안심이 된다. 겁이 없는 둘째 아이는 자신의 관심이 있는 곳으로 돌진하는 성향이 있다. 그런 아이를 마트와 백화점에서 두 차례 잃어버렸다. 2~3초 상간이었다. 가슴이 철렁 내려앉았다. 당시 80㎝도 되지 않는 아이는 진열대 때문에 보이지도 않았다. 남편과 나는 각자 다른 방향에서 아이를 찾았다. 마트에서는 관심 있는 과자 앞에 쭈그려 앉아 있었고, 백화점에서는 가전제품 코너의 대형 TV 앞에서 어린이 만화를 보고 있었다. 자신을 꼭 끌어안는 엄마를 아이는 갑갑하다며 밀어냈다. 그 날 이후로 미아방지 가방을 수도 없이 검색했다. 비록 쓰진 않았지만 아이를 지켜보는 일에 더 집중을 해야 했다.

부모는 어떤 자식도 품는다. 앞서 안 아픈 손가락이 없다고 했지만 더 아픈 손가락은 있다.

영화 '공공의 적'에서는 자신을 죽이는 아들이 살인자로 지목이 될까봐 엄마는 부러진 아들의 손톱을 삼켜버린다. 자신이 죽어가는 와중에도 아들을 위하는 영원한 엄마다. 나이가 들어도 자식을 위하는 마음은 여전하다. 그런 자식마저도 엄마는 품으면서 세상을 마감한다. 『고려장』이라는 전래동화가 있다. 책마다 약간 내용이 다르

여자는 육아로 성장한다

지만 내가 기억하는 고려장은 나라의 법 때문에 어쩔 수 없이 어머니를 버리는 아들이 나온다. 어둠 속에서 길을 찾아 더듬더듬 내려오던 아들은 꺾어진 나뭇가지가 산에서 마을까지 연결되는 것을 보게 된다. 알고 보니 지게에 타고 있던 어머니가 아들이 내려갈 길을 알려주려 미리 나뭇가지를 꺾으며 산으로 간 것이다. 아들은 아무리 나라의 법일지라도 자신의 어머니를 버렸다는 자책을 하며 다시 산으로 올라가 어머니를 모시고 내려온다.

아이를 바른 길로 인도하는 것은 부모의 의무이다. 아이를 위해 뭐든지 하는 부모는 점점 더 강해진다. 삐뚤어진 모정이 간혹 있지만 대부분의 부모는 자식이 올바르게 자라길 바란다. 누구보다 귀한 내 자식이기 때문이다. 밖에서 누구에게 맞거나 부당한 일을 당하면 두 팔 걷어붙이고 나가서 아이를 구한다. 죽은 자식의 명예를 회복하거나 제대로 된 사인을 밝히기 위해 몇 십 년이 지나도 진실을 밝히려는 부모도 역시 그렇다.

한동안 눈에 이물감이 많이 느껴져서 안과를 찾았다. 아무리 눈꺼풀을 뒤집어 봐도 눈에 들어간 것이 보이지 않았다. 안과에 가보니 속눈썹 하나가 계속 눈을 찌르는 방향으로 자라 각막을 손상시키고 있었다. 그 속눈썹을 주기적으로 뽑아야 눈이 아프지 않다고 했다. 자식을 두고 '눈에 넣어도 아프지 않다'는 말을 많이 한다. 참 이해가 안가는 말이었다. 작은 속눈썹 하나도 눈을 찌르면 참을 수 없이 아픈데 말이다. 그만큼 자식이 귀하다는 말이다. 아이를 낳고 키우다보니 그런 말을 이해하는 순간이 온다. 그저 바라만 봐도 기분 좋은 자식의 모습이 있다.

　너무 힘들어서 '왜 아이를 낳았나?' 하는 생각을 하다가도 아이의 얼굴을 보면 그런 마음이 쏙 들어간다. 갈대가 이리저리 흔들린다고 하지만 엄마의 마음은 갈대보다 더하다. 아이와 너무 힘든 하루를 보내고 나면 꼴도 보기 싫다고 마음먹지만 이내 아이가 자고 있는지, 뭐하고 있는지 궁금해진다. 한동안 조용하면 어디 있는지 찾게 되고, 아이의 행방을 알아본다. 전혀 아이를 좋아하지 않고 자신의 생활을 즐기던 지인이 갑자기 아이를 갖게 되면서 결혼을 했다. 그런 상황에 적응하기 힘들어하며 삶이 갑자기 바뀌는 것에 당황하던 지인이었다. 그녀가 아이를 낳은 후 그 집에 놀러간 적이 있었다. 아이를 낳아서 엄마가 된 그녀는 생각보다 정말 잘 지내고 있었다. 아이를 진심으로 대하고 진정한 엄마의 모습으로 변해가고 있었다. 엄마가 된다는 것은 이렇게 자신이 바뀌고, 자신을 둘러싼 세상이 변하게 되는 신기한 일이다.

　아이로 인해 내가 변했다. 나를 졸졸 따라다니는 아이들을 귀찮다고 생각하면서도 겉으로는 "칙칙폭폭"이라고 말을 해버린다. 아이들은 순간 기차놀이를 하듯 "칙칙폭폭"이라 같이 말하며 재밌어한다. 재밌어하는 아이들의 모습에 귀찮았던 마음이 다시 눈 녹듯이 녹아버린다. 순간마다 귀찮음과 미안함이 교차한다. 매일 몇 번이나 그런 마음이 든다.

　갑자기 아이를 갖게 됐던, 계획임신으로 아이를 낳았건 우린 모두 '어쩌다 엄마'가 됐다. 다들 자식은 하나 정도 있어야 한다고 해서, 아니면 내 가족계획으로 인해 자식을 낳았건 상관없이 지금 분명한 사실은 '나는 엄마'라는 것이다. 세상에서 누구보다 나를 절대적으로 믿어주고 사랑해주는 사람은 내 아이들뿐 일 것이다. 무슨 복을 타고 나서 이렇게 아이들의 절대적인 사랑을 받으며 살까? 그저 감사할 따름이다.

내 속으로 낳은 자식이라 내가 다 안다고 생각하기도 한다. 그러나 한 번씩 예상 밖의 말을 하거나 생각을 알게 되면 참 놀랍다. 작고 약하기만 하다고, 어려서 아무것도 모른다고 생각한 나에게 강한 펀치를 날린다. 나도 모르는 사이에 아이는 더 강해지고 생각이 많아진다. 시행착오를 많이 겪었던 날들을 통해 더 단단해지고 가까워진 사이다. 나를 더 어른으로 만들어준 아이들이다. 고맙고 오늘 더 사랑을 주고 싶다.

이것이 사랑이다

　미동도 없이 잠자는 갓난아기를 두고 한참을 바라봤다. 숨은 쉬고 있는지 코밑에 손가락을 대어보기도 하고 심장은 뛰고 있는지 가슴에 손을 얹어보기도 했다. 미동도 없이 잠자던 아이는 어느새 자면서 몸부림이 엄청난 아이로 성장했다. 옆에서 자다가 뺨을 맞기도 하고 배를 차이기도 한다. 꼭 엄마 옆에서 자려는 아이들 사이에서 밤에도 긴장을 놓칠 수가 없다.

　무뚝뚝한 엄마는 아이들에게 표현하는 것이 어렵다. "고마워"는 그나마 잘 되지만 "미안해", "사랑해"라는 말은 입안에서 맴돌기만 한다. 그런 표현을 잘 안하며 살아와서 그런가보다. 어른이라도 아이에게 "미안해"라고 말하며 실수를 인정하는 태도가 중요하다. 머리로는 알고 있어도 행동하기, 말하기는 참 어려웠다. 한 번, 두 번 해보면서 "미안해"라는 말이 입에 붙어 이제는 "고마워, 미안해"라는 말은 자연스럽게 한다. 마지막으로 "사랑해"는 글로만 써왔던 말이다. "예쁘다", "귀엽다"는 말로 대신하는 "사랑해"라는 말, 하지만 표현하지 않는 사랑은 혼자만의 사랑이다. 부모가 날 사랑하는지 아닌지 알 수가 없다. 빙 둘러서 "사랑하는 우리 딸, 사랑하는 우리 아들"이라고 표현한다. 때로는 귓속말로 둘만 있을 때 "사랑해"라고 아이에게 말해준다. 아직도 그런 표현이 나는 쑥스럽다.

밀고 당긴다는 '밀당'. 연인들 사이에서 많이 쓰는 용어이다. 나는 아이와 '밀당'을 한다. 아이가 좋았다가 싫었다가 변덕이 생긴다. 어느 시기에는 너무 좋다가도 또 어느 시기에는 하는 것마다 다 마음에 안 들고 짜증이 난다. '왜 싫을까?' 생각해봤더니 '나와 너무 닮아서'였다. 나와 닮은 아이가 나의 단점도 쏙 닮았다. 소심한 모습, 부끄러워하는 모습, 자신 없어하는 모습들. 모두 내 모습이지만 내가 인정하기 싫은, 내가 싫어하는 모습이다. 그런 모습을 똑같이 하고 있는 아이를 보면 너무 싫어진다. 그런 유전자를 내게 받았음에도 "저 아이는 왜 저렇지?"라며 아이를 탓한다.

보기 싫은 나를 닮은 모습은 아이를 나와 동일시 여기게 된다. 착한아이 콤플렉스, 첫째 아이라서 양보하고 욕심을 내려놓는 모습. 모두 나와 같다. 나의 모습이지만 억지로 만들어진 모습이라 내가 싫어하는 모습이다. 그것을 아이가 똑같이 하고 있다. 내가 그렇게 만든 것 같다. 엄마에게 인정받으려 억지로 양보하고 착하게 보이려 하는 것, 동생에게 양보하고 칭찬받으려고 하는 모습. 나의 어린 시절을 보는 것 같아 보기 싫다. 참 웃기는 일이다. 나와 닮아서 뿌듯해 할 때는 언제고, 지금은 또 싫다니. 엄마라는 사람이 변덕쟁이다. 아이의 그런 모습까지 사랑해야 하는 사람이 부모, 그중에서도 엄마인데 말이다.

내가 이렇게 밀다가 다시 당기는 때가 있다. 아이도 원하고 나도 원하는 때에 당겨주면 그 효과는 극대화 된다. 하지만 내가 밀어내는 마음을 아이는 느끼고 있었는지 어느 순간 아이가 날 밀어낸다. 아빠와 놀고, 아빠와 목욕하고, 아빠에게 책을 읽어 달라고 한다. 순간 서운하다. 내가 밀던 때를 생각하지 못한다. 엄마라는 사람이 이렇게 단순하다. 엄마바라기를 바라다가 내가 아이바라기가 된 듯하다. 상황은 엎치락뒤치락 역전의 연속이다.

점점 나만 아이바라기로 살아가는 날이 길어질 거라 느끼고 있다. 이제 아이들은 친구바라기로 친구들과 놀기를 더 좋아하게 될 것이다. 어느 순간 가족 여행에도 빠지게 될 것이고, 주말이면 집에서 볼 수도 없게 될 것이다. 지금부터 그런 아이를 맞이할 순간을 준비해야 된다.

나는 성장이 빨랐다. 2차 성징도 초등학교 4~5학년에 이미 나타났다. 그 때 사춘기도 오기 시작했던 것 같다. 어쩌다 한번 가는 가족 나들이도 엄마의 협박에 못 이겨 참가하고, 아예 빠지기도 했다. 친구들과 노는 것이 좋았고, 혼자 생각에 잠겨있는 시간도 좋았다. 지금 아이들은 그런 시기가 더 빨라지고 있다. 성장도 빠르고 그만큼 사춘기도 빠르다. 내 아이들에게도 그 시기가 얼마 남지 않았다고 볼 수 있다.

첫째 아이가 초등학교 입학을 앞둔 겨울이었다. 이제껏 차량으로 등·하원을 하다가 입학을 하면 걸어서 다녀야 하니 내가 오히려 잔

뚝 긴장을 했다. 어느 날, 50m 거리의 슈퍼에 심부름을 시켜봤다. 혼자 보내는 것이 걱정되어 동생과 함께 둘을 보냈다. 아이들을 보내놓고 몰래 지켜봤다. '슈퍼에 전화를 해놓을까?', '뒤를 따라 가볼까?' 많은 생각이 들었다. 5분 후 아이들은 심부름을 완벽하게 마치고 돌아왔다. 아이들이 뿌듯해하는 모습에 폭풍 칭찬을 해주었다. 흡사 전쟁에서 이기고 돌아온 것 같은 의기양양한 모습의 아이들은 그날 한층 더 성장한 것 같았다.

아이는 혼자 할 수 있는 일이 늘어났다. 혼자 씻을 수도 있고, 학교에 갈 수도 있다. 심부름도 가능하고 넘어져도 혼자 일어난다. 혼자할 수 있는 아이를 잡는 건 엄마인 나다. 아이가 어릴 때 걷다가 넘어지면 일어나길 기다렸다. 혼자서 해보라고 내 도움 좀 그만 받으라고 외치던 나였다. 이제 아이가 혼자 할 수 있는 일이 많아지니 내가 아이를 잡는다. "내 도움이 더 필요 없니?" 하면, 아이는 "혼자서도 할 수 있어요"라고 한다. 스스로 할 수 있도록 만들어주는 것이 부모의 역할이다. 그걸 알면서도 자꾸 아이에게 손을 내밀게 된다.

일하던 어느 날, 친정 엄마에게 문자메시지가 왔다. "병원에 있제?" 그렇다고 답하니 "나중에 들릴게"라는 답이 왔다. 엄마는 배낭 한 가득 뭔가를 짊어지고 오셨다. 하나씩 꺼내는데 모두 밑반찬이었다. 내게 가져다주시려고 새벽 출근길부터 그걸 짊어지고 버스를 타셨겠지. 그런 생각이 들어 "무거운데 내가 가지러 가면 되지 왜 이리 힘들게 들고 와?"라며 괜히 툴툴거렸다. 엄마 친구들이 엄마가 딸의 결혼 후 반찬을 잘 안 해줬다 하니까 타박을 줬나보다. 그 말들이 마음에 걸려서 반찬들을 해왔단다. 그렇게 반찬을 한 가득 내려놓고 버스 환승해야 할 시간이 촉박하다며 얼른 가셨다. 투박한 경상도 바닷가 출신인 엄마와 그녀의 딸인 나는 그 흔한 고맙다, 미안하다는 말도 없이 그 상황을 끝냈다.

생활고와 아픈 몸을 추스르느라, 어린 삼남매를 돌보고 가정을 꾸리느라 엄마는 바빴다. 그런 상황에서 나는 혼자 하는 법을 일찍 알았다. 고 3때 독서실에서 나오면 새벽 1시였다. 다른 친구들은 엄마가 안자고 기다리거나 마중을 나왔다. 나도 우리 엄마가 그랬으면 했다. 엄마에게 건의를 했고 1시까지 엄마가 기다려줬다. 엄마가 일하러 나가기 위해 일어나야 하는 시간은 새벽 4시 반인데도 말이다. 딱 하루 그렇게 엄마의 마중을 받고 내가 마음이 불편해서 그만두게 했다. 결혼하고 못하는 반찬도 엄마에게 해달라고 하지 않았던 이유도 그런 마음이 먼저였다. 반찬가게에서 사먹으면 된다고 절대 하지말라고 했었다. 그래서 갑자기 반찬을 싸들고 온 엄마에게 미안한 마음이 먼저였다.

내가 아이의 홀로서기를 아쉬워하는 것도, 엄마가 내게 반찬을 싸들고 오신 것도 모두 사랑하는 마음이다. 그러나 아이는 언젠가 완벽한 홀로서기를 할 것이고 나는 그것을 응원해야 한다. 내가 아이를 붙잡고 있다면 아이가 홀로 날개를 펼 수 없게 가두는 꼴이 된다. 아직도 나는 세상에 아이를 내보내는 것이 두렵다. 많은 범죄와 사고가 있어 겁이 난다. 하지만 노란불에 지나갔다며 아빠를 112에 신고할 거라고 하는 아이들은 아직도 순수하기만 하다.

'내리사랑은 있어도 치사랑은 없다'는 속담이 있다. 내 아이들과 그 아이들의 아이들에게 내려가는 사랑은 할 수 있다. 대신 내 부모와 그의 부모에게 올라가는 사랑은 좀처럼 힘들다는 의미다. 따뜻한 사랑의 표현을 말로 표현 받지 못했지만 나는 느낀다. 나를 걱정해주는 말로, 내게 바리바리 싸주시는 반찬과 먹거리들로. 그 마음을 받아 내 아이들에게 전달해준다. 이제는 '밀당'에서 밀지 않으려고 한다. 밀면 한없이 밀려버릴 것 같아서다. 얼음판에서 서로 밀어주는 스케이트 계주 선수들을 보면 밀어주는 만큼 미는 자신도 뒤로 밀려나간다. 내가 아이를 밀면 나도 뒤로 밀려나가 그 거리가 한없이 멀어질 것 같다. 내가 당기기만 해도 자연스레 멀어질 아이들에게 이젠 당김만 하려한다. 어느 덧 내 가슴만큼 커버린 아이를 품을 수 있는 날도 그리 많이 남지 않았음을 느낀다.

엄마의 아이로 와줘서 감사하다

삼신할머니가 점지를 해주셨는지 아니면 '짱구는 못말려'의 짱구남매처럼 하늘에서 부모를 선택해서 내려왔는지, 내 몸을 빌려 이 세상에 내려온 아이들이다. 우리 아이들은 짱구처럼 하늘에서 우리 부부를 보고 부모로 선택해서 내려왔다고 하지만 말이다. 그렇게 나와 반을 닮은 아이들, 누가 봐도 내 딸이고 아들이다.

딸아이가 6살 무렵, "엄마가 왜 아이를 둘만 낳았는지 알아?"라고 물어본 적이 있다. 아이가 궁금해 하자 나는 장난기가 솟았다. "『선녀와 나무꾼』 이야기 알지? 거기 나오는 선녀가 사실 엄만데, 내가 하늘로 올라갈까봐 아빠가 날개옷을 숨겨놨어. 그것을 찾으면 너희를 데리고 하늘로 가려고 아이를 둘만 낳았지"라고 했고, 아이는 진지하게 믿었다. 하루는 어린이집에서 그 얘기가 나왔나보다. 친구들은 아니라고 하지만 아이는 끝까지 '우리 엄마가 선녀'라고 굳게 믿었단다. 후에 사실을 알고 나서 딸에게 폭풍 잔소리를 듣긴 했지만 아이가 엄마를 얼마나 믿고 신뢰하는지 알 수 있어서 조금 미안하고 고

여자는 육아로 성장한다

마웠다.

무뚝뚝한 경상도 남자의 피를 이어받아 상남자인 둘째. 사람들이 많을 때는 안하지만 엄마와 둘만 있을 때는 무한 애교와 사랑고백을 한다. 아이는 어려서부터 존댓말을 썼다. 지금도 말을 놓는 누나를 보면서 어른께 말을 놓는다며 타박을 한다. 나는 아무래도 좋은데 딸은 말을 놓고 아들을 말을 높인다. 시키지 않아도 존댓말을 쓰는 아이가 참 신기하기만 하다.

내 가족계획은 '2살 터울의 아이 두 명'이었다. 첫째 아이가 11월생이라 2살 터울이 되려면 최소한 2년 후 12월 안으로 아이를 낳아야 했다. 다행히 둘째는 10월에 태어나 2살 터울이 됐다. 첫째가 23개월이 될 무렵 동생을 만났다. 아직 한참 어린 첫째는 더 예민해지고 그런 아이를 보는 나도 같이 예민해졌다. 그 때를 생각하면 미안한 마음에 눈물이 차오른다. 내 욕심으로 무리하게 23개월 차이의 동생을 보게 했나 싶다. 4살 터울인 나도 5세가 되던 해에 동생을 봤다. 5살이 되어도 동생을 향한 질투가 있었다고 했다. 하물며 2살 터울은 오죽할까? 그런 생각만 하면 다시 미안해진다. 하지만 다르게 생각해보면 아이를 내 의지만으로 가질 순 없기에 뭔가 뜻이 있다고 본다. 삼신할머니나 신의 계획인지, 먼저 지상으로 내려와 잘 지내고 있는 누나를 보고 둘째가 서둘러 빨리 온 것인지도 모른다.

그런 아이들 한 명 한 명에게 모두 감사하다. 딸 먼저 낳고 아들을 낳으면 200점 엄마가 된다는데, 200점 엄마로 만들어줘서 감사하다. 생초보 엄마에게 와서 고생한 아이들에게 감사하다. 내 아이가 되어

쥐서 감사하다.

푸름 아빠로 유명한 최희수 작가의 『내면여행』이라는 책에는 이런 말이 나온다.

"배 속에 있는 아이에게 그림책을 읽어주고, 클래식을 들려주기 전에 먼저 아이의 존재를 진심으로 환영해주세요. 아이의 존재를 환영하는 것만큼 훌륭한 태교는 없답니다"(p. 31)

아이 자체로 감사해야 한다. 자신이 원하는 아들, 딸이 아니라서 서운하다는 말조차 그 아이의 존재를 부정하는 말이 된다고 한다. 그 말을 읽으면서 많이 반성했다. 딸 12명에 아들이 단 2명만 있는 친가의 분위기 속에서 자라 나의 첫 아이도 아들이길 바랐다. 그런 마음을 콕 집어 나를 부끄럽게 만드는 글이었다. 그저 내 아이로 와준 것에 고마워할 뿐 그 이상도 이하도 없어야 하는데, 그러지 못했다. 오히려 주변 사람들이 딸이 좋다고 더 격려해줬다. '엄마에겐 딸이 평생 친구'라며 딸과 나를 응원해줬다.

딸이 옆에 있으면 참새처럼 계속 재잘거린다. 계속 듣고 있으면 피로감이 몰려올 정도로 쉴 새 없이 재잘거린다. 아무것도 안하고 가만히 있어도 듣는 것이 힘이 들 지경이다. 내가 초등학교 1학년 때, 담임선생님께서 '학교에서 있었던 일을 부모님께 말씀 드리는 것도 효도'라고 하셨다. 그날부터 하교 후 엄마에게 학교에서 있었던 일을 재잘거렸다. 지금 생각해보면 그저 듣기만 하던 엄마의 마음이 지금의 나와 같지 않았을까? '효도'라는 말에 열심히 이야기를 했던 나와 그저 재잘거리는 아이의 마음이 같지 않을까? 딸은 자신도 모르게

여자는 육아로 성장한다

진정으로 내게 효도를 다하고 있는지도 모른다. 딸의 말을 묵묵히 들어주는 두 엄마의 모습과 엄마에게 말하는 자체가 즐거운 두 아이는 시대만 다른 같은 그림이다. 시대는 바뀌어도 딸과 엄마의 관계는 바뀌지 않는 불변의 관계다.

가끔씩 아이가 조용하면 오히려 이상하다. 어딘가에 집중할 때도 있지만 아프거나 뭔가가 불편할 때 대체로 조용하다. 아이에게 재잘거림은 건강하게 살아있다는 증거다. 식사시간에도 너무 재잘거려 제일 늦게 식사를 끝낸다는 단점도 있지만.

소방차에 몇 년 동안 빠져 있던 아들은 몬스터 트럭을 거쳐 이제 레고 블럭으로 관심을 돌렸다. 대뜸 자기가 영화배우가 되어 돈을 많이 벌면 엄마, 아빠의 '틀니'를 해주겠단다. "난 틀니 말고 해외여행으로 해줘"라고 하니 그럼 아빠만 틀니를 해준단다. 나이가 들면 당연히 틀니를 한다고 생각하나보다. 순수하고 엉뚱하다.

아들은 키우기 힘들다고 한다. 아들의 에너지는 딸의 그것과는 많이 다르다. 출생 시 몸무게는 200g 차이였지만 크는 속도가 엄청났다. 지금 딸과 아들의 몸무게 차이가 겨우 2kg밖에 나지 않는 것도 그런 사실을 증명해준다. 또 여자인 엄마가 남자인 아들을 키울 때 이해가지 않는 부분이 많다. 아빠와 경쟁관계를 유지하는 것도 우습고 어리지만 자신의 힘을 과시하는 것도 전형적인 남자다. 슈퍼에서 물건을 사면 슬쩍 자기가 들어주고 뿌듯해한다. "힘자랑 하지 말라" 하면 "힘자랑 하는 거 아니고 엄마 도와주는 거예요"라며 큰소리친다.

나와 비슷한 딸도 키우고 나와 다른 아들도 키울 수 있어서 참 감사하다. 내가 무슨 복으로 이런 아이들의 엄마가 됐는지 모르겠다. 아이들은 내 꽁무니를 졸졸 따라다니며 깔깔거린다. 귀찮아하면서도 오히려 내가 먼저 꼬리잡기를 하기도 하고, "칙칙폭폭" 소리를 내며 이 방, 저 방을 옮겨 다니기도 한다. 마치 내 어릴 적 두 동생들이 내 뒤를 졸졸 쫓아다니던 것 같이 친근한 느낌이다.

아이들이 아기 때 쓰던 물건들을 하나씩 정리하다보면 그 물건을 사용하던 시절이 떠오른다. 이제는 필요 없는 아기 식탁. 그곳에 앉아서 처음 이유식을 먹던 아이가 떠오른다. 턱받이도 소용없이 줄줄 흘리고 온 얼굴에 다 묻히며 스스로 숟가락질을 하고 싶어 했던 아이. 지구의 중력을 시험해보려는 듯 모든 식탁위의 물건을 아래로 떨어뜨리던 아이. 다시 올려놓으면 기다렸다는 듯이 떨어뜨리는, 나의 인내심을 테스트 받던 시절이었다. 돌잔치 전에는 그곳에서 혼자 내려오려 하다가 떨어져 결국 광대뼈에 멍이 든 채로 돌잔치를 치러야 했다. 그런 여러 가지 사연이 있는 아기 식탁이 이제 자신의 소임을 다하고 폐가구 업체로 보내질 예정이다. 아쉽지만 아이는 어른용 의자에 앉아서 식사를 할 수 있을 정도로 커버렸다. 우리 아이를 키우는데 도움이 많이 되었던 다른 물건들에게도 감사한다.

아이를 낳고 키우다보니 이 세상을 이루고 있는 것에 다 감사를 드리게 된다. 봄에 피는 꽃은 예뻐서 감사하고, 민들레 씨앗은 길을 걷던 아이의 폐활량이 정상임을 알게 해줘서 감사한다. 곧게 뻗은 길은 아이가 전력질주를 할 수 있게 해줘서 고맙고, 길고양이와도 이야기 나누는 아이들의 천진함에도 감사한다. 할머니, 할아버지, 고모, 큰아버지, 이모, 외삼촌을 직접 볼 수 있어서 감사하고 대출이 끼여 있는 집이라도 우리만의 보금자리가 있음에 감사한다.

영원한 내 아이들이다. 무뚝뚝한 엄마와 살면서도 무한 애교쟁이인 딸, 듬직하게 곁을 지키는 아들. 누구라도 좋다. 그저 너라서 좋다. 쿵짝이 잘 맞아서 좋고, 장난치고 싶어서 좋다. 내가 힘을 낼 수 있게 해줘서 좋다. 엄마로 살면서 나를 찾을 수 있게 돼서 고맙고 내가 더 성장할 수 있는 사람이 된 것도 다 아이들 덕분이다. 나의 아이로 와줘서 영원히 감사하다.

두 명의 선생님

몇 년간 육아만 했다. 혼자 세상과 단절된 느낌이었다. 나는 움직이는데 멈춘 듯 했다. 내 가정이 집이고 곧 일터였다. 유일한 사회생활은 남편과 아이들뿐이었다. 만나는 사람도 없고 유아어만 늘어갔다. 세상은 어찌 돌아가는지도 모르고, 스마트폰으로 가십거리를 잔뜩 보아도 허전함은 여전했다. 가끔 이렇게 '가정주부로 산 몇 년의 세월이 허송세월일까?'라는 생각이 들기도 했다.

두 명의 아이를 키우며 두 명의 우주를 만들어간다. 하나의 우주를 생성하는 데 헤아릴 수 없는 시간이 걸리듯 아이 하나를 키우는 것도 마찬가지다. 시간이 걸릴 뿐이다. 나는 아이의 우주를 만드는 데 도움을 주는 도움자의 역할을 충분히 하고 있다. 의미 없이 시간만 흘려보낸 것이 아니라 생각하고 의미를 찾았다.

부모의 도움으로 어느 정도의 육체적, 정신적 성장을 이룬 아이들이다. 어느새 자신의 생각이 많아지고 책을 읽으며, 자신만의 세계를 만들고 있다. 내가 낳고 키워서 여전히 어리다고 여기는 아이들의 세

여자는 육아로 성장한다

계이다. 이미 기성세대가 되어버린 나는 굳어버린 머리와 생각을 하고 있다. 아이들은 창의력 돋는 말을 쏟아내고 행동을 한다. 그것을 보면서 내가 아이들에게 배워야 할 부분이 많아진다.

빵집에서 사온 샌드위치를 간식으로 먹을 때였다. 유제품을 싫어하는 둘째 아이가 내게 빵에 붙은 치즈를 떼어달라고 했다. 지난번 치즈를 제거하다가 빵이 다 떨어진 기억이 났다. 둘째 아이에게 "못한다"며 그냥 먹으라고 했다. 그 모습을 보던 첫째 아이가 동생의 샌드위치에 붙은 치즈를 딱 떼어준다. 나보고 "해보지도 않고 안 된다고 하면 안 되지"라고 일침을 가한다.

해보지도 않고, 안 된다고 하는 일이 많다. 생각만하고 실행하지 않으면 죽은 생각이다. 예전에 비해 일단 한 번 부딪혀보자는 도전정신도 거의 없어졌다. 가정이 생기니 '안정'이라는 말로 '도전'과 멀어진다. 어느 날 배드민턴을 처음 해보는 아이와 밖에서 연습을 했다. "못한다"는 아이에게 "안 해봐서 그렇지 하면 잘할 거야"라고 말하며 아이와 연습을 했다. 아이는 조금씩 실력이 늘고 내 서브를 받아칠 수 있는 일이 많아졌다. 샌드위치의 일화처럼 '해보지도 않고 안 되는 일'이 아니라 '행동하여 할 수 있게' 됐다.

어느 책에서 "시도하라. 성공과 실패는 그 이후에 생각하라"는 말을 봤다. 어느 책인지, 정확한 문구인지도 모르겠다. 어쨌든 그것은 시도부터 해보고 그 다음에 성공과 실패를 생각하라는 문구였다. 성공과 실패를 저울질만 하면서 시도조차 하지 않는 사람들에게 딱 맞는 말이다. 지금 사람들은 '안정적인 직업, 직장'을 원하고 '짧고 굵

게'보다는 '길고 가늘게'라는 생각을 많이 한다. 나도 어릴 때부터 모험보다는 안정적인 게 좋다는 말을 많이 듣고 자랐다. '안정적인 공무원이 좋아', '한 직장에서 안정적으로 오래있어야지' 그래선지 모험을 많이 하는 사람들에게 대리만족을 느끼기도 했다. 걸어서 세계일주를 한 한비야씨라든지, 안정적인 학원을 그만두고 강사의 길을 걷는 김미경씨. 그녀들은 과감하게 시도하고 행동으로 옮긴 사람들이다. 그녀들의 책을 읽으면서 '아, 나도 하고 싶다, 하지만 난 못해, 저 사람들이니까 한 거야'라는 생각도 많이 들었다.

과감한 도전이 아니라도 내 생활에서 작은 도전은 언제든지 할 수 있다. 새해가 밝아오면 사람들은 한두 가지씩 새해 목표를 생각한다. 다이어트, 담배 끊기, 운동하기, 영어공부, 독서하기 등. 너무 막연하게 '다이어트'라고 한다면 작심삼일도 안 되서 포기하기 쉽다. 다이어트를 위해 운동을 병행하거나 먹는 음식의 양을 줄이는 것을 같이 계획한다. 또 운동의 양이나 한 끼 식사의 양을 정해놓는다. 간식을 먹는다면 간식부터 줄이고 운동을 하지 않고 있다면 최소한의 운동을 계획해본다. 그것도 힘들다면 식사 전에 물을 한 컵씩 마시는 행동부터 해본다. 하지 않으면 내 것이 될 수 없다. 일단 시작하고 실패든 성공이든 생각할 일이다.

'하루 두 잔 물 마시기 프로젝트'로 시작한 『아주 작은 습관』의 지수경 작가는 사소한 습관의 시작으로 건강을 되찾았다. 심한 아토피도, 변비도 없어지고 혈액순환이 좋아졌다. 두 잔씩 마시던 물은 어느새 1.5L를 채웠다. 긍정적인 생각을 갖게 되고 다른 최소습관(3초

호흡, 독서 2장, 글쓰기 2줄, 긍정적인 감사, 메모하기 등)이 하나씩 늘어났다. 남들이 보기엔 하찮아 보일지라도 꾸준히 시도하는 힘이 그런 결과를 가져왔다.

아이를 키우면서 내가 깨닫고 성장하고 있다. 아이가 무심코 내뱉은 말이 나를 한참 생각하게 만들고 반성하게 만들기도 한다. 아이를 키우는 일이 곧 내가 성장하는 일임을 깨닫는다. 내면에 있는 어린 나를 이해하고 토닥여주는 일이다. 내가 아이를 키우기보다 아이가 나를 키워주는 거나 마찬가지다.

아이들은 언제나 "우리 엄마 최고"라는 말을 한다. 엄마가 제일 예쁘고, 아가씨 같고, 제일 좋단다(제일 착하다고는 안한다). 엄마가 해주는 음식이 제일 맛있고, 엄마랑 같이 있는 시간이 제일 좋다고 한다. '엄마'라는 이유 하나만으로 아이들에게 이런 무한한 사랑을 받아도 되나 싶을 정도이다. 아이들이 이렇게 엄마에게 애정을 쏟는다. 나는 해준 것도 없는 것 같다. 잔소리도 많고 신경질도 부린다. 무한한 애정을 언제 쏟아봤는지 기억도 잘 나지 않는다. 그래서 아이들이 사랑을 표현할 때면 항상 미안한 마음이 든다. 아이들이 표현하는 애정처럼 순수하게 온전히 아이들을 사랑한 적이 있었는지 생각을 해본다. 내 삶을 이루는 부속품처럼 '넌 거기, 넌 여기 있어야 돼'라는 생각을 가지진 않았는지. 내가 생각하는 대로 움직여주지 않는다고 짜증내고 잔소리 하던 많은 날들도 생각이 든다.

뜻도 모르고 중학생 때 외웠던 비틀즈의 'Let it Be'의 뜻이 '내버려두어라'는 것인지는 한참 뒤에 알았다. 가사 속의 지혜로운 어머니의 말씀이 내버려 두어라, 'Let it Be'였다. 아이가 힘이 들고 지칠 때 그 대로 두라고, 시간이 지나면 해결이 된다고 조언해주는 어머니의 지혜로운 말씀이다.

나도 과연 지혜로운 어머니가 될 수 있을까? 연륜이라는 것이 쌓이면 나도 그런 어머니가 될 수 있을지 모르겠다. 한 가지 확실한 것은 힘든 육아의 터널을 지나면서 나도 모르게 많이 성장했다는 것이다. 그 땐 앞만 보고 달렸다. 아이가 걸으면, 돌만 지나면, 말만 하면, 책만 읽으면, 학교만 들어가면 등 계속 앞만 보고 달려왔다. 어느 덧 한 코스 한 코스 지나면서 옆도 돌아볼 수 있는 여유가 생겼다. 경주마처럼 눈 옆을 가린 채 앞만 보고 달리던 나를 세워준 것도 아이들이었다. 천천히 가도 된다고, 바쁘지 않다고 말하는 아이들이다. 그냥 오늘 하루 엄마와 즐거우면 됐고, 부대끼며 놀면 됐다. 아이들은 그 이상도 그 이하도 바라지 않았다. 좋은 먹거리도, 좋은 옷도 바라지 않았다. 바라는 것은 엄마인 나뿐이고, 바쁜 것도 엄마인 나뿐이었다. 엄마라는 이름으로 아이들을 조절하려고 했다. 아니라고 말하면서 '헬리콥터 맘'처럼 위에서 지켜보는 엄마가 될 뻔 했다. 헬리콥터에 탑승하려는 것을 아이들이 막은 셈이다.

『엄마무릎학교』의 하정연 작가는 "아이를 기르는 과정은 바로 부모 자신을 기르는 과정입니다. 부모 스스로 마음을 수양하고 스스로 성장할 수 있어야 합니다"라고 말한다(p. 278).

'육아(育兒)'가 '육아(育我)'가 되는 것이다. 나를 기르는 일이 곧 육아이다. 아이가 곧 내 선생님이다. 삶의 선생님이고 순수한 선생님이다.

여자는 육아로 성장한다

육아가 힘든 것이 아니라 내가 성장하는 시간이 힘든 것이었음을 깨닫는다. 내 속의 어린 나를 이해하고 성장하는 알을 깨는 일이 힘들었고, 그 일을 가능하게 도와준 사람들이 바로 우리 아이들이었다. 아이를 한창 키울 때 이 사실을 깨달았다면 아이들에게 매일 감사하며 살았을 텐데. 미안하고 또 고맙다. 앞으로 남은 시간들은 늘 감사하며 선생님들을 공경해야겠다. 내 귀중한 삶의 선생님들께.

엄마는 외계인

어릴 때 UFO에 관심이 많았다. 그것을 다루는 프로그램도 인기였고, 몰래카메라의 소재가 되기도 했다. 과연 외계인은 있을까? 『화성에서 온 남자, 금성에서 온 여자』라는 책이 있다. 남녀는 각기 다른 별에서 와서 차이가 난다고 한다. 세분화 시키면 남자어른, 남자아이, 여자어른, 여자아이 모두 다르다. 각각의 사람들을 이해하고 잘 어울려 사는 것은 어찌 보면 참 어려운 일이다.

같은 여자로서 엄마가 이해가 되면서도 안 될 때가 많다. 신혼부부가 같이 장사를 시작했다. 같이 잘 살아보려고 시작한 노점이었다. 많은 사람들이 오가는 곳에서 노점을 한다는 것이 처음에는 부끄러웠을 것이다. 남에게 싫은 소리 못하고 아쉬운 소리 못하는 남편은 더 견딜 수 없었나보다. 결혼한 지 얼마 안 되는 부인에게 장사를 맡기고 사람들이 잘 안 보이는 곳에서 있었단다. 그런 남편이 못마땅해서 보따리를 싸고 풀기를 여러 번. 약한 마음에 남편을 버리지 못하고 이제껏 살고 있다.

여자는 육아로 성장한다

그런 얘기를 처음 들었을 때는 화가 났고, 다시 또 들었을 때는 왜 헤어지지 않았는지, 떠나지 않았는지 궁금했다(나와 내 아이들이 세상에 있을 운명이었나? 그런 생각도 해본다). 보통사람이면, 아니 나 같으면 이미 헤어졌을지도 모른다. 살다가 그냥 집을 나갔을지도 모른다. 그런 이야기를 들으며 '엄마처럼 살지 않을 거야, 늦게 결혼하지도 않을 거고 아이도 셋 이상 낳지 않을 거야. 남편을 내 편으로 만들 거야' 하는 생각을 많이 했다.

아이들이 즐겨보는 '안녕, 자두야'라는 만화 프로그램이 있다. 그중 '엄마는 외계인'이라는 에피소드가 있다. 사람인 듯 숨어 있는 외계인을 찾던 자두는 엄마가 외계인이라는 의심을 한다. 결국 엄마에게 양껏 혼이 나고 친구인 민지와 통화를 한다. 그 때 민지는 이런 말을 한다.

"이 세상 모든 엄마들은 외계인 같은 초능력을 가지고 있는 것 같아. 가족을 위해서 말이야."

우리 엄마도 외계인일까? 어렸던 내가 이해할 수 없는 결혼 생활의 연속이었다. 자신을 버리고 자식을 위해 벌이를 나갔다. 힘든 상황에서도 자식을 버리지 않고 끝까지 지키는 초능력자와 같았다. 자식이 효도를 안 해도 엄마 자신은 없고 자식들만 있었다. 그 당시 사회 분위기상 지금보다 덜 자유로웠다고 해도 그렇게 참고 살기란 힘든 일이었을 것이다. 엄마이기 때문에 외계인 같은 초능력을 발휘했던 것은 아닐까?

내가 초등학생 정도일 때는 잔소리도 많고, 화도 많이 내던 엄마였다. 어느 날부턴가 진짜 엄마를 찾고 싶었다. 나의 생모는 따로 있을 거라 생각했다. 착하고 친절한 생모가 어떤 사연에 의해서 나를 지금의 집에 보냈을 거라고 생각했다. 허나 그것은 내 착각이고 망상이 었음을 금방 깨달았다. 아무리 봐도 쏙 빼닮진 않았지만 엄마랑 닮은 점을 보게 되고, 내 어릴 적 사진 속에도 지금의 엄마가 있었다. 내가 아이 때 같이 녹음한 카세트테이프에도 아주 친절한 지금 엄마의 목소리가 담겨있었다. 내가 바라던 생모가 바로 지금의 엄마였다. 여러 가지 사실을 통해 생모가 따로 없다는 것을 알고 나서는 그런 생각을 접었다. 지금 생각하면 우습기도 하지만 그 때 아이의 심정도 이해가 간다.

『꿈이 있는 아내는 늙지 않는다』의 김미경 작가는 "엄마처럼 살지 않겠다고? 엄마만큼 사는 것도 어렵더라"고 말한다. 꼭 내게 말하는 것 같다. 결혼 전에는 몰랐던 부분들이 많았다. 엄마의 10%도 이해하지 못하고 있었다. 결혼하고 주어진 집안의 소소한 일들은 남편과 같이 해도 끝이 없었다. 뫼비우스의 띠처럼 계속 반복되는 일이었다. 그런 일들을 모두 엄마 혼자 했다니 나도 참 무심했다. 단순히 분리수거나 쓰레기 버리는 일이라도 도와줬으면 엄마의 수고를 덜어 줬을 텐데, 가끔 청소나 설거지를 하고 생색내기에만 급급했던 나였다. 아이를 낳고 나선 더 엄마가 대단해보였다. 혼자 산후조리를 하며 큰 아이들을 돌봤던 엄마였다. 힘든 고비도 넘기고 없는 살림에 아이들을 바르게 키우려 했던 엄마였다. 그것이 이제야 보인다. 결혼하고 아이를 낳아봐야 엄마를 이해하나 보다. 생모를 찾던 내가 참

여자는 육아로 성장한다

부끄러워진다.

　나는 지구인이다. 우리 아이들은 외계인이라 추정한다. 지구인이 외계인을 낳았다? 신문에 날 일이다. 그 근거로 우리 아이들은 아무리 놀아도 힘이 빠지지 않는다. 지치지 않는 에너지가 몸에 있다. 매일 새로운 놀이를 구상한다. 자꾸 아이디어가 샘솟는 저 머릿속에 외계인의 칩이 있을지 모른다. 귀찮아하고 화를 내는 엄마에게 애정의 표현을 멈추지 않는다. 눈치 없이 애정을 쏟는 아이들의 마음에는 식지 않는 뜨거운 심장이 있다. 화가 나도 아이들의 해맑은 얼굴을 보면 웃음이 터지는 마법을 쓰는 아이들은 외계인이다.

　아이들은 자신이 『선녀와 나무꾼』의 선녀라고 우기는 엄마를 오히려 외계인이라고 여길지도 모르겠다. 내게도 그런 초능력이 하나 있다. 아이의 갑작스런 울음소리에 0.1초도 안 되서 반응하는 것이다. 단거리 세계 신기록 보유자인 우사인 볼트도 그건 따라잡을 수 없을 것이다. 어릴 때 '소머즈'라는 외화가 있었다. 멀리서 나는 소리를 잘 듣는 초능력을 가진 여자 주인공은 '육백만불의 사나이'와 더불어 최고 인기 외화였다. 그런 소머즈처럼 아이의 소리는 아주 작은 소리라도 다 들린다. 아이가 자고 있는 방문을 닫고 다른 방에서도 문을 닫았다. TV 다시보기나 영화를 보고 있어도 다른 방에 있는 아이의 작은 옹알이 소리도 다 들린다. 많은 아이들이 모여 노는 곳에서도 내 아이의 "엄마!"라고 부르는 소리는 꼭 들린다. 엄마의 감인지 초능력인지 모르겠다.

　'새엄마는 외계인'이라는 영화가 있다. 자신의 정체를 숨기고 아이가 있는 남자와 결혼한 외계인이다. 배터리로 식사를 하는 것을 아이가 보게 되어 정체가 탄로 난다. 정체를 알게 된 아이를 죽이고 자신의 행성으로 돌아오라는 명령이 떨어졌지만 거부한다. 영화 전체에서 가족의 따뜻함을 느낄 수 있다. 영화처럼 우리는 서로 다른 행성에서 온 엄마와 아이들이다. 어디서 왔는지는 몰라도 일단 여기서 만났고 같이 살고 있다. 다시 각각의 행성으로 돌아갈 때까지 함께 잘 지내야 한다. 그것이 지구에 온 목적이고 나의 임무이다.

그래서 나도, 나의 아이들도 알고 보면 모두 외계인이다. 지구인 여기에 잠시 머물다 가는 것이다. 엄마처럼 살지 않겠다고 다짐하던 딸이 커서 엄마가 되었다. 엄마처럼 살고 있진 않지만 엄마가 쏟은 그 노력의 반도 따라가지 못하고 있다. 엄마처럼 살기가 힘들다. 요즘에는 세상이 빠르게 변화하고 있다. 사람의 생각과 마음도 많이 변했다. 아이와 떨어져서 사는 엄마들도 많다. 아이와 몸은 떨어져 있어도 마음은 항상 곁에 있다. 더 열심히 살아서 아이에게 잘 해줘야 한다는 생각도 한다. 그래도 아이들은 엄마가 고프다. 그런 아이들을 지켜보면서 힘들 때 아무리 힘들고 어려워도 우리 곁에 있어준 엄마께 고마움을 느낀다. 엄마가 없으면 동생 돌보고 집안일을 하는 것이 맏이인 나의 몫이 될 것 같아 내가 불쌍해서 도망가지 않았다는 엄마다. 그래서 더 고맙다. 지금 이렇게 살고 있는 것도 엄마의 희생이 바탕이었음을 잊지 않고 있다.

아이들을 키워보지 않았다면, 지금 이런 생각을 깊이 하지도 않았을 것이다. 내가 사람으로 태어나고 자랐던 것이 결혼 전이었다

여자는 육아로 성장한다

면, 내가 진정한 어른의 생각에 다가선 것은 출산 후이다. '육아(育兒)'가 '육아(育我)'라고 다시금 느낀다. 아이를 기르는 일이 곧 나를 키우는 일이다.

'엄마는 외계인'이라는 아이스크림을 좋아한다. 출시 후부터 줄곧 사먹는 그 아이스크림은 달콤하고 바삭한 초코볼도 있다. 엄마는 그 아이스크림과도 같다. 달콤하고 부드럽다. 간혹 뭔가가 입에 걸리지만 먹어보면 바삭한 다른 감촉이다. 외계인 같던 엄마도 알고 보면 부드럽고 달콤한 사람이다. '엄마'라는 이름 때문에 외계인이 되어버린 것이다. 엄마는 자식을 위한다면 언제나 초능력을 쓸 준비를 하고 있다. 그래서 '엄마는 외계인'이다.

마치는 글

임신 기간을 합한다면 벌써 10년차 엄마가 됐다. 세월은 이렇게 빨리 흘러 내 곁에는 벌써 키가 내 가슴팍을 넘어서는 아이가 서있다. 잠을 자고 나면 5살쯤 되는 아이로 쑥 컸으면 했었고, 혼자서도 잘 놀고, 잘 먹는 아이가 되었으면 했다.

모든 것이 내 욕심과 고집으로 이뤄졌다. 화목한 4인 가정을 그리며 아이가 둘은 있어야겠고, 하나도 힘들지만 하루 종일 놀아주기 싫어서 동생을 낳았다. 다행히 두 명의 아이들은 많은 놀이를 만들어내며 잘 놀고, 잘 커주고 있다. 그런 아이들을 보면서 '내가 좀 더 따뜻한 엄마였으면, 아이를 좋아하는 엄마였으면 더 잘해줬을 텐데…' 하는 미안함도 든다.

아이들에게 차갑기만 했던 여자가 그나마 변한 것이 이 정도다. 신이 계시다면 내게 따뜻한 감정을 아이를 통해서 같이 전달해주신 것 같다. 아이가 얼마나 사랑스러운 존재인지, 또 나도 그런 아이였다는 것을, 모든 사람들과 아이들이 다 소중하고 사랑스러운 존재라는 것

여자는 육아로 성장한다

을 그렇게 알려주려 한 것은 아닐까.

항상 바쁘고 불안하게 살았다. 무엇을 쫓아가는지도 모른 채 바빴다. 주말이나 퇴근 후 일정이 빽빽한 수첩을 보면 흐뭇했고, 그제야 내가 살아있다는 것을 느꼈다. 쉬면서 나를 정리하고 한 템포 늦어지기라도 하면 조바심이 났다. 나는 바빠야 했고, 빨리 뛰어야 했다. 목표는 없었다. 그렇게 사는 것이 옳다고 생각했다.

그런 내게 '아이'라는 존재는 삶에 브레이크를 걸었다. 천천히 가도 된다고, 속도를 늦춰줬다. 느려진 속도에 '이렇게 살아도 되나' 싶었다. 더 혼란스럽고 적응하지 못하는 날들이었다. 내 손길이 가야만 잘 클 수 있는 '아이'라는 사람과 그 속도에 맞춰서 내 삶에 브레이크를 거는 나에게도 적응하기 쉽지 않았다.

어느 순간 돌아보니 앞만 보고 달리던 내게도 쉼표 같은 시간들이었다. 내 삶이 눈 옆을 가리고 앞만 보고 달리는 경주마 같았다면, 아이는 그런 내게 천천히 가라고 알려주는 기수 같았다. 천천히 가도 된다고 급할 것이 없다고 알려줬다. 로봇을 만들어내고 자신이 입력한 프로그램이 잘 되는지 작동해보는 사람처럼 아이에게 빨리 걷고, 빨리 뛰고, 빨리 움직이라고 했다. 자신만의 속도로 움직이는 아이는 천천히 가도 된다고 했다. 조바심 내지 말라고, 급할 것 하나 없다고 기다리라고 했다. 그러나 아이의 발달을 걱정한다는 명분으로 나는 또 저만치 먼저 가고 있었다.

『오즈의 마법사』에 나오는 양철 로봇은 따뜻한 심장을 갖길 원했다. 도로시와 허수아비, 사자 친구들과 함께 마법사를 찾아가면서

마치는 글

스스로 따뜻한 심장을 갖게 된다. 친구들을 위해 힘을 쓰고 노력을 하면서 따뜻한 감정을 갖게 된 것이다. 내게도 아이들이 그런 친구 같다. 따뜻한 심장을 갖길 원해서 오즈의 마법사를 찾아가는 길은 아니었지만, 친구들 때문에 심장을 데울 수 있었다. 마법사가 만들어 주지 않아도 곁에 있는 친구들이 나를 그렇게 만들어줬다.

아직도 갈 길은 멀다. 이제야 사람냄새 좀 나는 사람이 된 것 같다. 이 마음으로 다시 '까꿍이'를 키우던 시절로 돌아가라면 뜨거운 마음으로 할 수 있을까 싶지만, 이전보다는 따뜻해진 마음이라는 것은 확실하다.

어렵고 힘들고 지치는 날들이었다. 폭풍 같던 육아는 그것이 지나가고나니 무지개를 선물한다. 아직 육아가 끝나진 않았지만 이미 말끔히 먼지를 털어내고 개운한 공기를 마시게 해준다. 지금은 그것에 감사하고 또 기뻐한다.

육아가 나의 인생을 이렇게 바꿔놓을지 몰랐다. 그저 여자의 몸이 한 번 바뀌는 큰 경험이라고만 생각했다. 육아는 몸뿐만 아니라 정신까지 바꿔놓았다. 그런 과정에서 나는 성장하고 생각이 깊어졌다고 감히 말할 수 있다.

요즘은 '삼포세대(연애, 결혼, 출산을 포기하는 세대)'에 이어 '칠포세대(연애, 결혼, 출산, 집 마련, 인간관계, 꿈, 희망의 일곱 가지를 포기하는 2030세대를 일컫는 말)'까지 늘어났다고 한다. 아무리 힘들어도 결혼을 했다면 아이는 포기하지 않았으면 하는 작은 바람이다. 아이로 인해서 얼마나 행복해지는지, 얼마나 세상을 다르게 보게 되는지 직접 겪어보지 않는다

여자는 육아로 성장한다

면 죽어도 알 수 없는 일이다. 물론 힘들다. 쉽다고 말할 순 없다. 내가 돈을 줄 수도, 시간을 내줄 수도 없는 일이지만 꼭 추천해주고 싶은 일이다.

지금도 폭풍 육아에 쪽잠을 자면서 아이를 키우는 많은 엄마들에게 감사와 위로를 보낸다. 그리고 지금도 잘 하고 있다고, 최선을 다하는 엄마라고 박수 쳐주고 싶다. 아이들이 어느 정도 커 갈 때쯤 느끼게 될 것이다. 이 아이들이 내 스승이라고, 나는 아이를 통해 성장했다고. '여자는 육아로 성장한다'고.